现代经济法学研究

陈秋杰　著

中国国际广播出版社

图书在版编目（CIP）数据

现代经济法学研究 / 陈秋杰著. –– 北京：中国国际广播出版社, 2023.12

ISBN 978-7-5078-5493-0

Ⅰ. ①现… Ⅱ. ①陈… Ⅲ. ①经济法－研究－中国 Ⅳ. ①D922.290.4

中国国家版本馆CIP数据核字(2023)第246665号

现代经济法学研究

著　者	陈秋杰	
责任编辑	张娟平	
校　对	张　娜	
封面设计	万典文化	

出版发行　中国国际广播出版社有限公司
电　话　010-86093580　010-86093583
地　址　北京市丰台区榴乡路88号石榴中心2号楼1701
邮　编　100079
印　刷　天津市新科印刷有限公司

开　本　787毫米×1092毫米　1/16
字　数　220千字
印　张　12
版　次　2024年 3 月第 1 版
印　次　2024年 3 月第 1 次印刷
定　价　68.00元

Foreword 前　言

　　经济法学的研究目的直接决定着其研究方向，确立正确的研究目的是一个非常重要的原那么性问题。综合来看，经济法学领域的研究主旨在于深入探寻并阐释经济法演变之规律以及其演进趋势，进而推动学术研究不断深耕及臻于完善，以期更有效地辅助我国的经济法治建设进程并更好地为社会主义市场经济提供有力支持。

　　经济法制建设实质上是一项高度复杂和系统化的浩大工程。经济法制建设与政治、经济、科技、文化、宗教、人口、环境、道德等各种社会现象和广泛社会问题有着众多的或直接或间接的社会联系。面对复杂多变的社会格局下，中国开展经济学相关法律问题研究的学者与专家们，挑战确实艰巨。

　　我国经济立法在新背景下的转轨换型已是大势所趋，而立法思路、立法观念的更新将会对这一进程起到重要的先导作用，经济法学面临机遇也面临挑战。我们有理由预期，市场经济条件下的经济法制建设诸问题仍将是学者们探究的一个重要课题，尚需充分研究和论证。正视经济法制建设中存在的问题，并寻求对策、予以完善，从而振兴与繁荣经济法制理论，这是全体法律理论与实务工作者的共同任务。

　　现代经济学的研究堪称一大挑战。本书能得以问世，全仰赖出版社编辑团队的尽职尽责与卓越表现。然而，鉴于新理论、操作手法以及科技技术的日新月异，书中所述难免存在不足或疏漏，敬请广大读者不吝赐教。编者将在各位的帮助下进一步改进完善。

Contents

目　录

第一章 经济法基础理论

第一节 经济法律关系

一、经济法概述

（一）经济法的概念

经济法主要为调节需由政府介入、管控并进行协调与平衡的涉及公共福利的经济活动相关的法律条文的综合体。其概念蕴含有下列三重意义。

1. 经济法是法律规范的总和

经济法则由诸多法规范所构成。其中大部分通过国家最高权力机关及其常设机构制定的经济法规得以体现。一部分是通过其他国家机关制定的调整经济关系的规范性文件表现出来，还有一部分不是通过经济法律法规而是通过其他规范性文件，如宪法等表现出来。经济法规中，还包括一些属于其他法律部门的法律规范。因此，把经济法说成是"法律"、"法规"、"法律规范"、"法规的总和"都不太合适，应该说，经济法是调整某种关系的法律规范的总和。

2. 经济法是调整经济关系的法律规范的总和

经济关系乃是具备经济实质的物质欲望关联，非经济性质的社会交互则不在经济法律之范畴之内。例如，人身关系、行政关系及刑事关系皆不受经济法调控。

3. 经济法是调整特定的经济关系的法律规范的总和

经济关系是一个复杂的范畴，经济法并不调整所有的经济关系。经济法仅调整需要国家管理、协调、平衡的经济关系，这些经济关系往往不仅涉及当事人的利益，还关系到社会整体或社会公众的利益。

（二）经济法调整对象

经济法主要调整四大类关系，分别是市场主体操控关系、市场监管措施关系、宏观经济调节关系和社会保障制度关系。

1. 市场主体调控关系

市场主体调控关系主要为国家对市场行为约束以及市场主体特定运作过程中所显现的经济关联。其中，企业作为核心主体，在国家控制下，其创建、变革、消亡及机构配置权力、财务核算等都需接受政府监管，所产生的法律关系皆归属于经济法范畴；同时，市场主体以利益为导向，进行策划、领导、监控与调控时，与其内部结构及其下属也形成调控关系，这亦需要经济法进行规范化调整。

2. 市场管理关系

市场管理关系乃国家为推动自由、公平之市场竞争秩序所确立并维护的与各类市场主体间的特殊纽带。尽管市场经济主张生产要素的自由顺畅流动，企图打破各区域间的闭塞及垄断现象，充分发挥竞争机制的效能，然而，如若竞争过激，难免引发垄断等不正当竞争行为，干扰市场秩序，严重侵犯消费者权益。鉴于此，市场机制在治理此类不正当竞争及消费者权益保障方面显得力有未逮，故国家必须行使调节职能，强化对市场的管理调控，由经济法律进行准确定位和规制。

3. 宏观经济调控关系

宏观经济调控关系即是国家对于国民经济整体的管理所产生的经济关联。市场自我调节具有局限性，难以解决如战略目标选取、总体经济均衡、重要结构及布局调整、公平效益兼顾、环保资源保护等重大议题，因此国家需实施宏观调控。这类调控过程中所形成的经济关系，理应被经济法规制约与调整。

4. 社会保障关系

社会保障关系即通过国民收入再分配为因特定原因致生活困境者提供经济援助的国家与社会间的经济关联。在社会主义市场经济环境下，社会成员的风险保障应当得到保证，确保能够充分发挥人力资源优势、维护人民基本生存权以及保持社会稳固，推动经济繁荣。然而，市场机制并非万能之源，国家有必要对此问题予以干预，建立强制性统筹、互助式救助及社会化监管的社会保障体系。涉及此过程中的经济关系均应由经济立法规范。

（三）经济法的基本原则

经济法基本原则，即各项调节国家经济运行及调整经济关系的原则，是经济主体在各类经济活动中必须遵守的行动指针；是指导经济立法、行政执法以及司法行为的行动准则。其主要内容如下所述：

1. 资源优化配置原则

资源的最优调配在于合理且高效地分配有限的经济资源于多样化的生产途径，以实现最大效益。尽管我们重视市场在资源配置中的关键地位，但同时也不能低估国家在这一过程中所起到的调节作用。借助规划与创建、监管市场规则乃至其它职能机制，国家在资源配置方面发挥了重要作用。因此，我们需要在制度层面上强化市场在资源优化配置中的基础性角色，如通过制定经济律法来引导其走向健康发展。同时，也必须将国家计划制定、市场行为调控及政府职能规范融入到经济法制体系之中。

2. 国家适度干预原则

经济法是从国家对社会经济生活进行干预出发发展而来的法律形式。在我们中国，社会主义市场经济体制的确立，不仅表达出国家不再能如之前般过度干涉经济事务，同时又彰显了国家不能完全放弃对此类事务的干预，而应采取适当且适度的措施。此处所谓"适度"，涵盖两层意思，即干预范围的适宜和干预措施的适当。前者涉及到国家干预的领域大小，后者则关注其方式和手段。因此，社会主义市场经济需格外重视干预手段和方法的法规化进程。由此可见，经济法必须以"适度干预"为准则，方能确保经济秩序的稳定和保护经济民主，避免干预行为的任意放任。

3. 社会本位原则

在确定自身调整目标时，每一法律部门均需具备明确的本位思想，这是区分不同法域的关键要素。行政法则以国家利益为导向，遵循"国家本位"原则；民法以保护民事个体权益为主旨，坚持"个人本位"原则。至于致力促进社会公益的经济法，则应强调"社会本位"原则。在处理各类经济关系过程中，经济法要始终将社会全局置于考量之中，优先顺从广大人民的意志与利益。为了保障社会整体利益，政府需依法合理运用手中权力，承担相应责任。同时，企业、公民及各部门也须对社会负责，不能仅追求私利而忽视社会公益。

4. 经济公平原则

经济公平的核心含义在法律关系的各方主体在同一法律环境内，都能基于价值规律实现利益均衡，这亦为市场参与者遵循的准则和交易前提。据过往经验，经济法公平易受行政干涉、待遇差异、税收不均、资源分配失衡、价格机制缺陷、官商勾结、不当竞争和行业垄断等问题影响，此类问题可通过经济法则来缓解或消除。因此，作为公正调节市场秩序的重要手段，经济法应以推动经济公平为首要原则，梳理并规范市场主体的竞争行为，力避政府干预之随意性。

5. 可持续发展原则

可持续发展作为一种新型的发展模式及发展观，其诞生源于人类所处的历史背景：文明全面发展同时伴随着生态环境的日益恶化，以及贫富差距的愈加扩大。在运用经济法则调整社会经济关系的过程中，我们需将可持续发展置于首位，充分考虑各种限制该发展的因素，并积极利用相关的经济立法和法规来遏止这些问题。

在经济法领域，各项基础原则紧密关联且互为推动力，各自不可或缺。其关键之处在于：经济法首要关注的是资源的优化配置；在此过程中，国家干预具有举足轻重之地位。然而，国家干预并非随意为之，而是要以公共福利为准绳；同时，政府应对经济进行干预时应有助于提升社会公平性；最后，鉴于社会全面和长期利益，经济法须将可持续发展视为核心原则。

二、经济法律关系

（一）经济法律关系的概念

经济法律关系是经济活动参与者根据经济法律、法规所产生的，具有国家强制力保障和经济权利与义务相对应的特殊关系。

法律关系由主、权、客三要素构成，经济法律亦如此，无此三因素便无法构建经济法律关系。经济法律关系的主体，为参与者或当事人；其内容则涉及各方享有的经济权益及应担之责任；客体则为主体间享有的经济权益与应担之责所共指之物或行为。

（二）经济法律关系的运行

经济法律关系三大组成部分为其静态结构，而其运转则为动态进程，这就是我们常说的经济法律关系的运行过程。实际上，大部分的经济法律关系并非长久静态，而是处于动态变化之中，即其各元素如产生、改变及消亡等都在持续进行着。

在经济法律关系的运行阶段中，主要包括以下几个方面：首先是启动环节，也就是经济法律关系的产生；接着进入到变更阶段；最后，当经济法律关系达到一定程度后，便走向结束或者消散阶段。

经济法律关系的产生，是指各参与主体间形成特定的权责分配格局。而经济法律关系的变迁，则指涉及主体、内容以及客体的调整。至于经济法律关系的消亡，则标志着各参与方间的现存权责关系归于结束。

基于一定客观事实并由各种因素推动的经济法律关系，其运行过程中必然包含着主观或客观的原因，这些原因形成了一种实在的现象。只有得到经济法律规范认可的、能产生、转变或者破坏经济法律关系的事件，才能被称为经济法律事实。但并非任意事件皆可构成法律事实，仅有那些符合经济法律规范、引起经济法律关系变动的才属于合法的经济法律事实范畴。

经济法律事实可以划分为经济行为和事件两大类。

1. 经济行为

经济行为定义为经济法律关系主体出于特定经济目的实施的主动行动，堪称基础性的经济法律事实，主导着绝大多数现实经济活动中经济法律关系的发生、转变或终结。经济行为又划分出合法与非法两类。

合法经济行为是符合经济法规要求且受法律保护之经济活动；而非法经济行为则是违反经济法律、得不到法律保护之行动。尽管非法经济行为无法受法律保护，然而它仍可导致经济法律关系的生灭或变更，与合法经济行为所带来的期望经济法律关系大不相同之处在于，其引致的法律关系常有违经济法律关系当事人的本意和利益。

2. 事件

事件是指不依经济法律关系主体意志为转移，与其主观意志和行为无关的那些可以引起经济法律关系发生、变更和消灭的客观现象。事件包括自然事件和社会事件两种。

自然事件是自然界发生的客观情况，如地震、冰雹、火山爆发等自然灾害。社会事件是经济法律关系主体以外的人的一种有意识的活动，如战争、政府禁令等。

（三）经济法律关系内容

经济法律关系内容即经济权利和经济义务。

1. 经济权利

经济权利是经济法律赋予的授权与资格，通过个人自由选择开展行为或制止行为来行使。当义务方未能履行应有责任，相关政府机构有权采取法律措施强制执行或提供法律保护以解决争端。

按照法律和法学理论分类，经济权利的种类主要有以下几个方面：

（1）经济职权

经济职权乃国家机关履行经济管理职责时所享有的法定权益，体现出一定程度的行政权威性，源于法律、法规之直接授予，而与私人约定无关。其具体表现方式包括但不限于以下几类：规划决策权、组织协调权、监督检查权；再次细分为审核权、批准权、指令权、确定权、授权权、禁止权、撤回权、豁免权、调和权等。

（2）财产所有权

财产所有权是指所有者对其财产依法享有的独立支配权。

所有权是所有制的法律形式。在法的历史上，它是民法的一项基本法律制度，但在目前，它已是所有经济法律部门以及其他有关财产的法律部门的一项共同的法律制度。财产所有权包括四项权能：

①占有权

指对财产实际控制的权利。

②使用权

指对财产按其性能加以利用的权利。

③收益权

指取得财产所产生的利益的权利。

④处分权

指决定财产在事实上和法律上的命运的权利。

（3）经营管理权

经营管理权，指企业在生产运营过程中所拥有的法定权益。它包含了经济管理权与财产经营权两大部分。前者主要涉及人事、劳工、架构设置等方面；后者则关联于财产占有权、使用权以及合法处置权等与所有权密切相关的财产权。经营管理权并非仅为所有者所独有，而主要存在于国企这类非所有者的主体中，成为其基本经济权利之一。

（4）法人财产权

法人财产权，强调企业经营及收益等核心权益，不属于法人所有权，亦非经营权。其涵盖了收益权，赋予了企业法人独立自主地管理和支配投资者资产的权力，甚至限制了投资人对资产的随意撤回和干涉日常经营活动的能力，这便是一种具有独立性质的财产权利形式。

（5）请求权

经济法主体在遭受侵害时可依法追求停止侵害和寻求相关机关保护权益的请求权，这一权利具有广泛内涵，其中涵盖了请求赔偿、申请调解、申请仲裁以及进行经济诉讼等方面。法律赋予这些请求权，有利于切实保护经济法主体的合法权益，也有助于维护社会经济秩序。

2. 经济义务

经济义务是经济法律所规定的、经济法主体所应承担的一种责任。其含义为：（1）承担经济义务的主体必须按照经济法律、法规、合同、协议的规定，为一定行为或不为一定行为，以实现经济权利主体和国家的利益和要求。（2）经济义务主体应该自觉地实现经济法律、法规、合同、协议规定的要求；如不履行或不全部正确履行，将受到国家强制力的制裁。

为了保障国家利益、社会利益和经济法主体的利益，我国法律、法规为经济法主体设定了多方面的义务。如遵守法律、法规的义务，严格履行合同的义务，依法纳税的义务，保护环境的义务，保证产品质量的义务，不得侵犯其他经营者和消费者权益的义务等。

第二节　民事法律行为和代理

一、法律行为

（一）法律行为的概念和特征

这里所述的法律行为是指民事法律行为，它是指公民或法人以设立、变更、终止民事权利和民事义务为目的，以意思表示为要素，依法具有法律效力的行为。它是法律中实的一种，具有以下特征：

1. 法律行为是以达到一定的法律后果为目的的行为

这，方面表明法律行为应是行为人有意识创设的自觉白愿的行为，而非受胁迫、受欺诈的行为；另一方面表明法律行为是行为人以达到预期目的为出发点和归宿。法律行为的目的性，是决定和实现行为的法律效果的基本依据。

2. 法律行为以意思表示为要素

意思表示是指行为人将其期望发生法律效果的内心意思，以一定方式表达于外部的行为意思表示是法律行为的核心要素，也是法律行为与非表意行为（例如事实行为等）相区别的更要标志行为人仅有内心意思但不表达于外部，则不构成意思表示，法律行为也不能成立；行为人表达于外部的意思如果不是其真实意思，法律行为原则上也不能成立。

3. 法律行为是具有法律约束力的合法行为

法律行为只有从内容到形式均符合法律要求或不违背法律的规定，才能得到法律的承认和保护，也才能产生行为人所预期的法律后果；否则，该行为不但不会产生行为人预期的法律后果，而且还可能会受到法律的制裁。

（二）法律行为的分类

法律行为从不同角度可有不同的分类。不同类型的法律行为，具有不同的法律意义。

1. 单方法律行为和多方法律行为

以下为依照法律行为成立需几方意思表示分类：单方法律行为，仅凭一方当事人意愿便可实现；而多方法律行为基于两个以上当事方意思一致方可有效。前者只需一方之意；后者要求双边或多方协议才得以启动。

2. 有偿法律行为和无偿法律行为

据此，法律行为的性质会影响给付关系的构建。所谓对待给付，即一方为获得对方权益所付出的代价。其中，有偿法律行为意味着缔约双方在享有权利时都需要为之付出相应代价；反之，则被视为无偿法律行为。一般来讲，有偿法律行为中承担义务的一方所背负的法律责任相对较重。

3. 要式法律行为和非要式法律行为

这般分类是基于法律行为成形是否依赖法定形式为标准进行。所谓要式法律行为即，法律明文规定须依特定形状或者遵循特定程序方能生效的法律行为，例如《合同法》对融资租赁、建设工程、商品房买卖等部分合同规定必须以书面形式签署。反之，非要式法律行为则是法规未作强制要求，当事人拥有选择权的合同类型。

4. 主法律行为和从法律行为

以此种方式对法律行为进行排序，可依据其相互依赖关系。主法律行为，即无需其它法律行为支持即可独立存在之法律行为。从法律行为则必须依靠主法律行为方可存在。其法效完全取决于主法律行为。如果主法律行为无效或尚未成立，从法律行为也将无法发挥作用。

（三）法律行为的有效要件

法律行为的有效性，即法律规设下的权利和义务生成履登、更改甚至终结的效应，它以法律行为成立为基石，自成立便受法律制约。任何个人在未经法律明确允许或者获得对方的允许之下，不能擅自改变或者取消其法律行为所设定的责任和义务。然而，即使已经完成的法律行为并不一定就会立即产生法律效力，除非它满足了一些特定的有效条件，例如形式上的要求以及实质内容的可行性。因此，法律行为的有效需同时满足形式和实质两个方面的条件。

1. 法律行为的形式有效要件

此意为行为人意向需合符律法之规。依《中华人民共和国民法通则》（下称《民法通则》），民事法律行为可选书面、口头或其它方式，但须以法律规定为准。若行径者在必须运用特定方式时未能执行，将导致相关法律行为无效。

书面形式繁多，普遍的又衍生出特殊类型，包括公证形式、鉴证形式、审核批准形式、注册登记形式以及公告形式等等。与口头形式相比，书面形式总体上更具优势；而相较于普通书面形式，特殊书面形式则显示出更多优越性。

另外，视听信息以及沉默等都是常见的其他方式。依照我国最高人民法院相关司法解释，当当事人行为采用录音或录像这类视觉听觉资料时，若有两位以上无利益冲突者作为证人或者有其它证据能够证明其符合《民法通则》规定的实质有效要素，则此种民事行为即可被认可为生效；倘若一方当事人对另一方当事人提出了民事权利要求，后者并未以言语或文字明确回应，但从他的行为来看，似乎已接纳这一点，那么可以认为这种应答为默示，而不作为的默示必须是在有专门法例规定且当事人之间已有约定的情况下，才能被界定为真正意义上的意思表示。

2. 法律行为的实质有效要件

根据《民法通则》的规定，民事法律行为应当具备下列实质有效要件：

（1）行为人具有相应的民事行为能力

民事行为能力的认定，关乎个人能否通过自身行动实现特定民事权益，承担相应民事责任。依照《民法通则》规范，未成年人若未满 10 岁或无法自行认知行为，均属无民事行为能力；而超过该年龄段且精神发育迟滞者，即为限制民事行为能力人，仅可行使与其年龄、智力相符的民事事务，其余部分需法定代理人代表或其同意方可进行。18岁及以上的成年人以及 16 岁至 18 岁但经济自主的人群，属于完全民事行为能力人，可依据其民事权利能力自由参与民事活动。

本文所述的民事权利能力及民事行为能力互相呼应。前者系法律赋予自然人、法人及他组织享受民事权益、承担民事义务的合法资格；后者则以具备相应权能为基础，通过自主行动予以落实。通常而言，法人的权利能力与行为能力紧密相连，随着其创建与消亡同步变动。然而，自然人能否实现其权能需另作评估，一般法律标准根据年龄、精神与智力状态予以衡量。

（2）意思表示真实

此为行为人自主且自愿表达其真实意愿之意念，且与其内心所表述的意见保持一致。法律行为，必须具备真实的意思表示基础，倘若缺乏此基础，便无法产生有效的法律效果。举例来说，若行为人因受到威胁、欺骗等因素影响而作出的意思表示，由于未能准确展现行为人的真实意图，因此，它并不具有法律效力；当行为人由于某些观念误区导致其意思表示与内心意志不符时，仅在存在严重误解的处境中，他才有权利通过人民法院或者仲裁机构申请修改或废止此种行为；倘若行为人明知故犯地表达了不合事实的意思，那么这个人并没有法律上的权力声称此动作无效，然而，对于善意和不知情的相关方或者第三者，可以根据实际情况要求对此行动宣告无效。

（3）不违反法律或社会公共利益

这是由法律行为的合法性所决定的，不违反法律是指意思表示的内容不得与法律的强制性或禁止性规定相抵权或任意性规定达到规避法律强制规范的目的，不违反社会公共利益是指法律行为在目的上和效果上不得损害社会经济秩序、社会公共秩序和社会公德，不得损害国家及各类社会组织和个人的利益。

（四）附条件和附期限的法律行为

1. 附条件的法律行为

此行为系指当事方在法务交互中协商特定约束条件，并将其是否实现（或是否会产生）视作决定法律效力生效与否的关键。民事法律行径可附加条件。所附条件实现后，民事法律行为方可生效。暂定条件既可为事态，亦可为互动。若附加之条件违反法律规定且无法实现，则应视为该民事行为无效。倘若当事人故意促成条件现实，应判条件未达成；如当事人恶意阻挠条件达成，则应认为条件已被满足。

能够作为法律行为所附条件的事实必须具备以下条件：（1）将来发生的事实，已发生的事实不能作为条件；（2）不确定的事实，即条件是否必然发生，当事人不能肯定；（3）当事人任意选择的事实，而非法定的事实；（4）合法的事实，即不得以违法或违背道德的事实作为所附条件；（5）所限制的是法律行为的发生或消灭，而不涉及法律行为的内容，即不与行为的内容相矛盾。

2. 附期限的法律行为

此种法律现象即为，当事双方在法约约束下设立时限，以此作为每项法律行径生效与否或解除原因的根源。时限作为必然呈现的事实，它与包含附带条件的法律行径本质上存在差异。在此过程中，所附加的时限既可是明确地揭示出来，像是某个特定的日期；也有可能表现得模糊不定，譬如"直至某公民离世之时"这种表述。

（五）无效的民事行为

1. 无效民事行为的概念和种类

无效民事行为是指因欠缺法律行为的有效要件而没有法律约束力的民事行为。无效民事行为的本质特征在于其违法性，即当事人一方或双方所实施的民事行为违法。

依据我国《民法通则》，以下民事行为视为无效：1. 无完全民事行为能力者实施的。2. 限制民事行为能力人无法独立行事的。值得注意的是，间歇性精神疾病患者在正常时期实施且符合民事法律行为要求的，应予认定有效。3. 任何通过欺诈、恐吓或乘他人之危让对方表达非真实意愿的。欺诈是指故意误导和隐瞒真相诱导对方产生错判；恐吓是利用危害人身安全、名誉、荣誉、财产等威胁迫使对方产生错误判断；而乘人之危则是在对方濒临困境时，为了获得不正当利益迫使对方做出不客观的决定，严重损害了对方的利益。4. 恶意串通，损害国家、集体或第三方权益的。5. 违反法律或社会公众利益的。6. 经济合同违反国家指令性计划的。7. 以合法名义掩盖非法目的的。

民事行为部分无效，不影响其他部分的效力的，其他部分仍然有效。

2. 无效民事行为的法律后果

无效的民事行为自始至终无法律效力，其赋予的法律后果包括：（1）恢复原状——将行为实施前的状态恢复；因该行为而获得之财产应回归受损方。（2）赔偿损失——有过失方须对因此遭受之损失作出赔偿。若双方均有过失，则需各自承担相应责。（3）国家收回、集体所有或返还第三方处理。（4）其他制裁手段。

（六）可变更、可撤销的民事行为

1. 可变更、可撤销民事行为的概念及种类

因行为人自愿提交申请，法院或仲裁机关可以修改或废止的民事事件。依据《民法通则》规定，以下情况下，行为人有权提出修改或废止申请：（1）行为人对行为内容存在重大误解；重大误解为由于行为人对行为性质、对象、质量、数量等存在认知缺陷，导致行为结果与其真实意思不符且产生负向影响的情况。（2）不公正现象显著；显失公平为一方可借助优势或利用对方无经验，从而致使双方权益严重偏离平衡、对等、合理规则的局面。

2. 可变更、可撤销民事行为的法律后果

如有重大误解或显失公正的民商事行为，当事人请求变更的，应由法院予以支持；若请求取消，法院可依据情形研究决定是否支持或者废止。一旦被撤销，该行为即自始无效。若享有撤销权的一方在法定时限内未提出撤销要求，那么已撤销的行为将视为合法行为，对双方产生约束力。若被依法撤销，该行为将承担和无效民事行为同等的法律后果。

二、代理

（一）代理的概念和特征

代理，是代理人在授权范围内代表被代理人与第三方达成合法契约的制度，其责任由被代理人承担。其中，代理人需代表被代理人进行法律活动；被代理人则是通过代理人实现各项权益以及履行法律责任；第三方，即为与代理人达成法律活动的对方当事人。

此种关系主要分为三方面：首先，被代理人与其代理人之间的授权委托关系；其次，代理人与第三方进行法律活动的实施关系；最后，被代理人与第三方之间需接纳和承负代理行为的法律结果的关系。

代理具有以下特征：（1）代理人必须以被代理人的名义实施法律行为。这是因为代理的法律后果由被代理人承受，而非归属于代理人。非以被代理人名义而是以自己的名义代替他人实施的法律行为，不属于代理行为，例如寄售等受托处分财产的行为。（2）代理人在代理权限内独立地向第三人进行意思表示。代理行为属于法律行为，代理人在代理权限范围内，有权根据情况独立进行判断，并直接向第三人进行意思表示，以实现代理目的。非独在进行意思表示的行为，不属于代理行为，例如传递信息等。（3）代理行为的法律后果直接归属于被代理人。虽然代理行为是在代理人与第三人之间进行的，但行为的目的是为了实现被代理人的利益，代理人并不因代理行为立接取得利益。因此、其产生的权利义务等法律后果应由被代理人承担。这使代理行为应与无效代理行为、冒名欺诈等区别开来。

（二）代理的适用范围

代理是指以他人名义在民事主体间订立、修改、解除权利、义务关系的法律行为。依照法定或约定义务，需亲自行使的数类法律行为，如立遗嘱、登记结婚、确立领养关系等人伦事务，未经亲身实施者，其行为效力视为无效。

（三）代理的种类

I，委托代理

授权委託代理，指依被代理人之授權委託發生的代理行為。其方式可採用書面紙本或口頭表示之。若法律規定必須以書面形態，則應行文具體。在書面委託代理的授權委託書中，應載明代理者的姓名或名稱、代理事宜、權限及期間等相關條款，並由委託人簽字確認。當委託書的授權不明確時，被代理人有責任向第三人民事責任，反之代理人同樣需肩負連帶責任。

2. 法定代理

法定代理是指法律依据一定的社会关系的存在而设定的代理。法定代理一般适用于被代理人是无行为能力人、限制行为能力人的情况。

3. 指定代理

指定代理乃依人民法院和授权机关之指令而产生的代理权。在缺乏法定代理人或受托人，或公然推脱代理责任之际，法院或其他授权机关（如民政、劳工等）可依法为涉事者，既无能力独立处理个人事务之人，发布代理指令。

（四）代理权的行使

1. 代理权行使的一般要求

代理人需遵循授权行事，不得滥用代理权以造福自己或者他人，也不能损害被代理人的权益。法定代理人要依法执行代理任务，避免失误伤害当事人的利益。指定代理人，受指定单位和法庭监督，实施代理行为必需符合被代理人的利益。因此，他们需要勤勉尽责且审慎行事，不允许与他人恶意串通。

2. 滥用代理权的禁止

代理人严禁擅自滥用代理权，违者将构成无效行为，并须承担对被代理人及他人造成的损失赔偿责任。主要包含以下几种情况：（1）代理人以被代理人身份与其自我为民事行为；（2）同一代理人代理双方法律主体从事同一项经济活动；（3）代理人伙同第三方违法，损害被代理人合法权益。

当代理人背离法律赋予之职责时，法律对其行为视为无效，且需对其行为所带来的后果负责。同时，如代理人与第三方联手侵害被代理人的权益，则两人需共同承担责任。

（五）无权代理

1. 无权代理的概念

无权代理，即委托方未授权就进行代理或超出授权范围进行代理或在授权结束之后继续进行代理之情形，共计包括三种具体类型：首先，代理行为人缺乏正式授权；其次，代理人超越了授权范围；最后，当委托合约期满后，代理人未经合法授权开展代理活动。

2. 无权代理的法律后果

在无权代理情况中，若得到被代理人确认，代理人应为其行为负责；反之，未经确认的行为，代理人自行承担责任。然而，却有以下特殊情况：（1）如被代理人已知晓他人冒用其名从事民商事活动且未否认，该情况视为默许，故被代理人须承担民事责任。

（2）委托代理人在危机时刻，为了保护被代理人利益而超权限行事，可认为合法，但若致被代理人损失，再追究适当责任。

3. 表见代理及构成要件

表见代理，是指代理人在未获授权的情况下，因第三方当事人误信其具备代理权限，进而与之签订特定民事合同，其效果最后将由被代理人承受的一种制度。此种制度由我国《民法通则》明确规定了其构成要素：首先，代理人必须是实际实施了以被代理人的名义作出的民事法律行为；其次，该行为人必须在实施过程中无代理权限；再次，是否存在可以让外界合理推断出代理人具有代理权限的客观事实；最后，第三方当事人必须为善意并无过失。在此基础上，如果有任何证据显示第三方明明清楚代理人无权代理，或者因其自身疏忽导致对代理人无权代理产生误解，此时被代理人便无需负责任。

法条确立表见代理规则的重中之重是维护当事人对代理机制的信任，保护那些没有过失的利益相关者，从而确保贸易秩序的稳固与安全。表见代理常见情况包括：被代理人声称已授于他人代理权，但实际上并未予实权；被代理人将能够构成代理权的证件，例如加盖公司印章的求职信函、空白合同、合同专用章交与他人，使他人基于这些凭证，误以为被代理人拥有代理权进而与其展开商业洽谈；代理权限模糊不清；代理人违背被代理人的意愿或超出委托职权范围，且第三方无过错地误认为代理人仍拥有代理权从而与其签署经济协定；在代理关系结束后，为保持第三方的信任，行为人依然维持商业角色，并与之展开经济活动。

第三人知道或应当知道行为人无权代理还与行为人实施民事行为给他人造成损害的，由第三人和行为人负连带责任。

（六）代理关系的终止

委托代理在下列情况下应当终止：（1）代理期限届满或者代理事务完成；（2）被代理人撤销委托，或代理人辞职；（3）代理人去世；（4）代理人失去民事行为能力；（5）被代理人或者代理人所在的法人解散。

对于法定代理和指定代理而言，其终止法定事由包括以下几种：（1）被代理人取得或者恢复了民事行为能力；（2）被代理人或代理人去世；（3）代理人失去民事行为能力；（4）指定代理的人民法院或者指定机构取消指定；（5）由于其他原因导致被代理人与代理人之间监护关系消失。

第三节 经济法实施

一、违反经济法的法律责任

（一）经济法的实施和法律责任概述

经济法的执行乃是使其规定在社会生活中得以落实，从而体现经济法的宗旨与价值。此过程中，经济法律规范被转译为个体行为，促使法律、法规权威得以恪守，权力公正应用，义务诚实守信，违法行为依法严惩。

法律责任则是行为人对违犯法律法规行为所应付出的代价。经济法责任，即为经济法主体因违法行为需承受的惩罚措施，凭借其严肃性质起到震慑和驱动守法行为的效果，促使经济法主体遵循经济义务。

（二）违反经济法法律责任的具体形式

经济法责任是一个综合性的范畴，是由不同性质的多种责任形式构成的统一体。根据我国法律的规定，违反经济法法律责任的形式主要有以下三种。

1. 民事责任

民事责任是指在经济主体违背经济法律法规，对他人造成损失时而需承担的民事法律后果。依照《民法通则》之规定，承担此责任的方式包括但不仅限于以下几个方面：立即停止违法行为；清除障碍物；排除危害源；归还被侵占的财产；修复或重建原状；维修、再制作或替换受损物品；赔偿经济损失；支付惩罚性违约金；删去不良影响并恢复名誉；公开道歉等。

2. 行政责任

行政责任即为企业经济活动中的失范行为所面临的法律制裁。具体包括行政处罚、行政处分、行政补偿及行政赔偿四种形式。而依照《中华人民共和国行政处罚法》规定，行政处罚分为五类，包括警告、罚款、没收违法所得/非法财物、责令停产/停业、暂扣/吊销许可证/营业执照以及行政拘留；此外，行政处分则包含警告、记过、记大过、降级、撤职、直至开除等多种刑罚。

3. 刑事责任

刑事责任，即由经济法主体在触犯国家经济法律法规过程中所承担的刑事法律责任。按照我国现行《中华人民共和国刑法》规定，刑罚分类主要包括主刑与附加刑两大类。其中主刑包含管制、拘役、有期徒刑、无期徒刑以及死刑；至于附加刑，则包括罚金、剥夺政治权利以及没收财产等。值得注意的是，附加刑亦可单独施用，对于外籍犯罪者则可酌情独立或伴随驱逐出境的惩罚。另外，若单位涉及犯罪行为，也必须承担相应的刑事责任。

需要注意的是，经济违法行为与经济法律责任之间并不是简单的一一对应关系，其是相互联系并具有一定的重叠性和复杂性。一个经济证法行为所应承担的责任，既可能是以上法律责任形式中的一种，也可能是几种。

二、经济纠纷的解决途径

经济纠纷是经济法主体在经济管理与经济活动中产生的权益争议。解决经济纠纷的途径主要有当事人协商、调解、诉讼、仲裁和行政复议。

（一）诉讼

诉讼乃是人民法院在各方当事人及其代理人参与之下，处理和解决民事、经济纠纷的过程及衍生出的多种法律关系的总体称谓。鉴于各主题间的财产与经济纷争皆可借助民事诉讼予以化解，且诉求所适用的实体法规则覆盖了民商法、经济法等领域，本文将重点解读民事诉讼及相关规定。

1. 诉讼参加人

诉讼参加人是指参加民事诉讼的当事人和诉讼代理人。

（1）当事人

"原告"和"被告"是在经济法律纠纷中以各自名义进行诉讼的代表人物；"共同诉讼人"则是指与他人一同涉诉的参与者。此外，"第三人"主要是因为其自身经济利益直接受到争议或损失而进入诉讼程序的个人或机构。这些人都是经由人民法庭调解或裁决的，是受其约束的利害关系人。

（2）诉讼代理人

诉讼代理人即代表被代理人名义，在代理权限内，捍卫被代理人合法权益并参与诉讼活动之人。其主要包含法定代理人、指定代理人及委托代理人三类。

2. 诉讼管辖

经济诉讼管辖是指在上下级人民法院之间和同级人民法院之间受理第一审经济纠纷案件的分工和权限。基于管辖的规定而产生的具体的人民法院审理经济纠纷的权限称为管辖。

（1）级别管辖

地区性管辖这一概念定义了各级人民法院在受理第一审经济纠纷案件时所扮演的角色及承担的责任。它通过对案件特性以及其影响范围进行分析，从而对各人民法院之间的审判权进行纵向划分。我国当下的人民法院系统共分为四个等级，包括最高人民法院、高级人民法院、中级人民法院和基层人民法院。除此之外，还设有三类特殊的法院，分别为军事法院、铁路运输法院以及海事法院。依据这些标准进行划分后，我们可以得出基层人民法院主要负责第一审经济纠纷案件，而中级人民法院则负责审理具有重大影响力的第一审经济纠纷案件及最高人民法院指定需由中级人民法院处理的经济纠纷案件，高级人民法院则负责处理本土显著性的第一审经济纠纷案件，最后的高层次管辖便落到了最高人民法院手中，他们负责全国范围内具有重人影响力的经济纠纷案件和那些被认定应由该院进行审理的经济纠纷案件。

（2）地域管辖

地域管辖系指同级人民法院之间对第一审经济纠纷案件受理的权力分配及具体操作方式，是从行政区域划分角度展现人民法院间管辖的垂直与水平分工。此项规定被划分为一般地域管辖和特殊地域管辖两大类别。

一般地域管辖是基于当事人的住所地来决定享有管辖权的法院。其基本原则为"原告就被告"，换言之，原告需向被告所在地的人民法院提出诉讼。若同一诉讼涉及数位被告且住所地分属两个或多个人民法院辖区内，则各个人民法院均有权受理案件；原告可以自主选择其中一家法院告状，该法院也将最早受理投诉并开展调查审判工作。

特殊地域管辖，依据被告住所及法律事实，确定具备管辖权之人民法院，是《中华人民共和国民事诉讼法》（下称《民事诉讼法》）规制的六种诉讼类型。它们包括：1.因合同争议提起的诉讼，由被告家处或履约地点之司法机关管辖；2.涉及保险合同纠纷的诉讼，由被告所在地或保险标的物地域对应的司法机关审理；3.对票据纠纷提出的诉求，应提交票据支付地或被告住所地司法机关决定；4.与铁路、公路、水路、空运或联合运输合同有关的争端，运输源起地、目的地或被告当地司法机关具有审判权；5. 因侵权行为引发的营利诉讼，由侵权行为地或被告所在司法机关审理；6. 旅行事故请求赔偿的诉讼，若为铁路、公路、水路和空中交通事故，则交予事故发生地、车辆船舶抵达地、航空器最先着陆点或被告所在地的司法机关处理；7. 涉及船只碰撞或海洋损失事故赔偿的诉讼，被告所在地、碰撞发生地、受损害船只被扣押地或船舶最先抵达地的司法机关有审判权；8. 涉及海难救援协助费用争议的诉讼，救援地或船只最先抵达地区域的司法机关具有审案之权力；9. 关于共同海损引起的诉讼，船舶最先抵达地、共同海损理赔地或航海终结地的司法机关享有审判权。

3. 诉讼时效

（1）诉讼时效的概念

诉讼时效核心概念在于，若民事诉讼中权利人在法定期限未行使其法定权利，便将失去司法救济的窗口。我国的诉讼时效具如下特性：（1）义务人未行使法定权利是诉讼时效发动的先决条件；（2）诉讼时效仅宣告胜诉权终止，实体权利依然有效；（3）当事人若自愿履行义务，即便时效已过也不影响其效力；（4）义务人完成义务后再主张时效问题，法律不予支持，诉讼时效具有强制适用的特征且不可随意更改。

（2）诉讼时效期间

所谓诉讼时效，即旨在对权力者请求司法权的期限加以明文规定。依法律规定，该期限以知道或者应该知道自身权益遭受侵害之时起算。若自权益被侵害算起已逾20年，法院将不再行使维护之责。但在特定情形下，法院有权延长期限。

诉讼时效包括一般与特殊两种类别。前者适用于普适性问题；后者则在特殊情形所规定的时效内实施。对于享有人身权益的人士而言，应在知晓或认为自己的权益已受损害之日起两年内向法院提起诉讼，否则，该权益将失去司法维护。

（3）诉讼时效的中止、中断与延长

诉讼时效中止是在时效期内，由于法定原因导致权利人无法行使请求权时，时效会停止进行至原因排除后再恢复的现象，也称之为时效暂停。例如在有效期的最后六个月里，若出现不可抗力或其他阻碍请求权正常行使的特殊状况，时效将会中止，从问题得到解决的那一天起，时效将重新计算。值得注意的是，所有诉讼时效中止的情景都必须是基于法律规定的事项产生的。这类情形共分为两类：一为不可抗力，即自然灾害、军事行动等难以预见和化解的外部因素；二为抵触请求权人行使请求权的其他特殊状况。

至于诉讼时效中断，是指由法定理由引起的已启动的时效过程不再进行并使过去的时效失效的情况。

申请法院诉讼（即上述所称提起诉讼）、当事人一方示意或愿意服从其责任（具体表现为提出要求，同意履行义务）等行为均可引发诉讼时效的中断。与此相对，中止诉讼时效的情景完全取决于客观环境因素，不涉及任何当事人的自主性行动。诉讼时效的根本宗旨在于敦促权利人积极行使其请求权，稳定法律关系免受疑虑困扰。然而，只有在权利人未曾采取任何举措来维护自身权利时，我们才允许诉讼时效正常运作。因此，若当事人实施相关行动，重塑权利义务关系，那么诉讼时效的继续存在也就失去了其必要性，应当立即启动诉讼时效之中断程序。

诉讼时效延期系指，若人民法院发现权利人在法定诉讼时效内因合法原因未主张请求权的情况下，适当增加已完成的诉讼时效时间。此项利益可在时效期满后产生，且此类情况须经人民法院确认方得实现。这意味着延长的时长需由法院依据实际情况决定。需要注意的是，民事诉讼中的普通诉讼时效及特别诉讼时效皆适用停滞、中断及延期之规定，唯独延期之诉讼时效不包括停滞与中断在内。

（4）审判程序

审判过程包括首审程序、复审程序以及审判监督程序等环节。首审程序适用于各级人民法院审理的首次经济刑事案，其可细分为普通程序与简易程序两种。其中，普通程序是基石，包含以下关键环节：①起诉及接收；②审理前的筹备工作；③正式开庭审理。关于起诉，当公民、法人或其他组织的合法权益遭受侵害或产生纠纷时，需通过提交起诉状至相应法院来保护自身权益。法院收到诉状或口头起诉后，若判定符合起诉标准则需于 7 日内立案并予以告知当事人。对于审理前的准备，法院应在 5 日内将诉状副本递交被告，被告须在收到之日起 15 日内递交答辩状，若是不交答辩状也不会影响案件的正常审理。开庭审理是在审判人员主导与各方当事人及其他诉讼参与者的共同参与下，在法庭上对案件进行审理的过程，通常情况下均为公开审理，但如涉及国家机密、个人隐私及特定法律规定或当事人申请非公开审理则例外。

复审程序，亦称为上诉程序，是针对当事人对已生效的首审法院判决或裁定不满而向上级法院提出上诉的案件设立。我国实行两审终审制度，即当事人可对生效的首审判决或裁定提起上诉至上级人民法院。详细内容参照《民事诉讼法》有关条款：当事人如对地方人民法院首审判决结果不满，可在收到判决书次日起 15 日内提起上诉；对于首审裁定结果，则可在收到裁定书次日起 10 日内提起上诉。第二审法院对上诉案件会依据原判事实充分、适用法律无误等情况作出维持原判或改判的决定。如果原判事实错误或原判事件不够清晰明确，证据不足，或者原判违反法定程序，可能导致判决失误的，那么法院就会裁定撤销原判并发回原审人民法院重新审理，或者在调查清楚事实后给予更正性的判决。对第二审法院所作的判决、裁定，当事人如有异议，仍可再次上诉。

审判监督程序是指具有审判监督权力的机构或人员发现已经生效的判决或裁定存在错误，依法申请重新审理的特别程序，又被称为再审程序。对于已经名副其实的判决、裁定及其他应由人民法院执行的法律文书，当事人应该严格履行。若有一方拒不履行，其相对方可以寻求人民法院的强制执行。对于已经生效的调解书，当事人如能提供证据证明调解过程违反自愿原则或协议内容违法，也有权申请再审。执行程序是人民法院依法运用强制手段，促使责任人为已经生效的法律文件承担义务的过程。

（二）仲裁

仲裁，原则上由争议各方在争议发生之前或之后自行协商，同意将争议交与第三方仲裁机构进行裁定，以此来化解纠纷。我国的仲裁体系被誉为解决经济争端的佳选。

1. 仲裁的基本原则

（1）自愿原则

仲裁制度的特色在于其遵循自愿原则，即当事人应在自愿彼此同意下即可解决争议。通过签订仲裁协议，明确了双方选择仲裁作为纠纷解决方式。若未有仲裁协议，仅一方要求仲裁，则仲裁委员会将拒绝处理。我国的仲裁机构也不会自行启动诉讼程序，仅在另一方真实意愿地提交书面仲裁申请书后，方能着手处理此事。

（2）依据事实、符合法律规定、公平合理地解决纠纷的原则

仲裁机构是基于当事人的信任，居中解决经济纠纷的，因此、为了充分保护当事人的合法权益，仲裁机构应以客观案情为依据，在查证确认双方当事人应负的法律责任的基础上，以国家法律和行政法规为衡量尺度，公平合理地解决纠纷。

（3）仲裁依法独立进行的原则

仲裁乃依法独立行使职权，任何行政或个人不得干预其过程。仲裁委独立于行政部门，两者之间并无任何从属关联。各仲裁委员亦互不统属，彼此独立运作。而中国仲裁协会依据相关规章制度，对仲裁委及其各级成员以及仲裁法官之违规行为启动监督机制。同时，人民法院对仲裁机构的实际操作及裁决结果，依法实行必要的监管措施。

（4）先行调解原则

在正式裁决前，仲裁庭可行使调解之权责。若各方自愿接受调解，仲裁庭理应积极进行斡旋，未能达成和解协议时则需按期做出裁定。

（5）一裁终局原则

经济仲裁则采取一裁终局制。裁定下达之后，当事人必须全面履行裁定。若针对同一纠纷再次提出仲裁申请或对人民法院提起诉讼，仲裁机构或人民法院将不再接受。

2. 《仲裁法》的适用范围

在平等主体间的民商事关系中产生的合同纠纷及其他财产权益纠纷可申请仲裁，然而，涉及人身关系的婚姻、收养、监护、扶养、继承等纠纷以及应由行政机构负责处理的行政争议均不实行仲裁制度。特别地，关于劳动争议及农业集体经济组织内部的农业承包合同纠纷，因其所涉特殊性，需遵循特定的处理原则与程序。鉴于此，《仲裁法》并不适用于规范处理上述两种类型的纠纷。

3. 仲裁协议

仲裁协议是由双方当事人在自由同意的前提下签订的一份文件，该文件承诺当发生或未来可能发生特定法律问题时，他们愿意提交仲裁机构进行裁决，同时接受裁决结果的约束。仲裁协议的缔结基于各方的意愿和充分商议，必须符合法律规范。适当的仲裁协议需要包含以下三项主要信息：①表达要求仲裁的观点；②明确待解决的争议事宜；③指定已选定的仲裁委员会。若协议中对上述任何领域缺少规定或者规定不够清晰明确，当事人可通过增补条款来使其完整。如果无法达成共识，则该协议即视为无效

《仲裁法》舰定，仲裁协议应采取书面形式或在合同中订立仲裁条款或以其他书面方式达成仲裁协议：仲裁协议可以是当事人在纠纷发生前达成的也可以是在纠纷发生后达成的。

以下情况下，仲裁协议将被视为无效：①超出法律允许仲裁的范围。②有资质问题者签订的仲裁协议（无行为能力人或限制行为能力人）。③采用威胁等欺诈手法让他人签订的仲裁协议。未明确规定仲裁事项或仲裁机构者，可协商达成补充协议，无法达成则为无效仲裁协议。

若双方对仲裁协议的效力产生疑问，都有权申请仲裁委员会或人民法院进行裁决。双方均欲申请仲裁委员会裁决时，由法院裁定结果。对于仲裁协议效力的质疑，应于仲裁庭首次开庭之前提出。

4. 仲裁程序

（1）申请仲裁和受理

申请仲裁需满足三项基本要求：①签订有效的仲裁协议；②明确具体的仲裁主张及其事实依据与法律理由；③所涉争议属于仲裁机构的受案范畴之内。

申请人提出仲裁申请时，必须向仲裁机关提交相应的书面材料，包括仲裁协议、仲裁申请书以及副本，且对于仲裁申请书内容的填写应清晰明了，具体涵盖以下要素：①详细交代当事人的姓名、性别、出生年月、职业、所在工作单位和住所等个人信息，以及企业或组织的名称、所在地和法定代表人或者主要负责人的职务等公司情况。②详细阐述申请人的仲裁主张及其事实依据与法律理由。③准确列表并提供所有相关的证据及其来源，同时注明每个证人的姓名与其居住地址。

（2）仲裁庭的组成

仲裁庭可由三位或一位仲裁员组成。若为三人，应推选首席仲裁员，其中两位由各方自行选择或委托仲裁委员会主任任命，而首席仲裁员则将由双方共同选出或委派。如当事人约定只须一位仲裁员的，必须彼此协商一致决定该仲裁员的人选或委托仲裁委员会主任推荐。若未及时按照仲裁规定约定仲裁委员的人员构成或选定仲裁员者，应通过仲裁委员会主任的指派。

（3）开庭和裁决

仲裁审理以开庭方式展开，若双方同意无需开庭，则可依申请书、答辩及其他资料定夺。通常情况下，仲裁不公开进行，否则需先达成公开共识，唯涉及国家机密的案件除外。仲裁过程中，当事人需凭证证实自身观点（仲裁庭仅在必要时自行采证）并享有辩论权利。

仲裁庭须在明确事实后尽快下裁决。若部分事实已然明晰，可就此先行裁决。仲裁裁决审理遵循少数服从多数原则，如无法取得多数意见，裁决应据首席仲裁员之见作出。

（4）仲裁效力

本国仲裁采纳一裁制决议的终审标准，仲裁决定自其宣布之日起立即产生法律约束力，相关各方必须遵照执行。若当事人未能遵守裁决，仲裁机构无强制执行权限，仅可依赖另一方通过《民事诉讼法》向人民法院发起申请执行，并由受申请法院予以实施。

当事人拥有撤消裁决的诉求权。如有证据证实裁决存在下列任一情况，可在收到裁决书后六个月内向位于仲裁机构所在地区的中级人民法院申请撤销：①无仲裁协议的存在；②裁决事项超出仲裁协议约定或仲裁机构无权管辖；③仲裁程序违规；④裁决所依赖的证据系伪证；⑤对方故意隐匿关键信息以妨害公平裁决；⑥仲裁员存在索贿、舞弊或枉法裁决等行为。

（三）行政复议

行政复议这一法律术语意味着，当公民、法人以及其他各类具有相应资格的组织，由于某种行政机关的具体行政行为侵犯到了他们的合法权益时，可以依法地向特定的行政机关提交相关申诉，届时，负责受理此类申请的行政机关将会依据法律法规，对原先的行为进行严格的审查，最终通过做出相应的行政复议决定来解决问题。

1. 行政复议的范围

如发生以下状况，中国公民、法人及其组织有权向相关部门提起行政复议：首先，若对行政机关依据法律实施的警告、罚款、没收违法所得和财物、暂扣或吊销许可证或执照、行政拘留等惩戒决定感到不悦，可提出申诉；其次，对于行政机关实施的限制人身自由、查封、扣押、冻结财产等行政强制措施表达反对意见，同样可以提起复议；再者，若对涉及许可证、执照、资质证、资格证等证书变更、中止、撤销的行政决策存在疑虑，亦可提起复议；此外，对行政机关有关土地、矿藏、水流、森林、草原、荒地、滩涂、海域等自然资源所有权或使用权审定的决策有置疑之处时，也可提出复议；接着，当遭到行政机关侵害其合法经营自主权时，可提起复议；如果感到行政机关擅自更改或取消农业承包合同，对其合法权益造成损害，那更应该有法律武器反抗；再者，若发现行政机关违规筹集资金、侵犯财产、强行摊派费用或额外增加义务要求，则应行使复议权利；另外，倘若达到了申办某类许可证、执照、资质证、资格证的标准，并已向行政机关提交申请，却未获满意答复的，也可提请复议；此外，若要求行政机关切实履行保护人身权利、财产权利、受教育权利的法定责任，如无法得到执行，需及时提起复议；或对于行政机关未按规定发放抚恤金、社会保险金或最低生活保障费，进而引起争议的现象，同样可以用法律维护自己的利益。总而言之，上述提及的具体行政行为，是指行政机关在国家的行政管理实践中，针对特定事件的某个特定相对人采取与其权利和义务直接关联的单方面行动的全过程。

在《中华人民共和国行政复议法》的约束下，以下几类情形是不可申请行政复议的，然而，我们仍然可借助其它救济途径来寻求解决方案：首先，对于不服行政机关所做的抽象行政行为的情况，根据相关法律法规所提供的监管路径，向其提出处理意见和建议；其次，对于不服行政机关针对个人做出的行政处分或其他人事处理结果的问题，同样参考相关法律法规的规定，向其提出申诉；最后，若对行政机关对民商事纠纷所作的调解或其他处理行为提出不满，有权依法申请仲裁机构介入，或者向有管辖权的人民法院提起诉讼。

2. 行政复议程序

（1）复议申请

对于任何自然人、法人或者非法人团体，如经认定其具体行政行为已经损害了其合法权益，可在知晓此项具体行政行为后的六十日内，向相关行政复议机构提交申请。然而，假如相关法律有明确规定，此类申请的时间门槛超过六十天，那么就须遵循该法律的规定。

若某位人士的行政复议申请已经成功地获得了行政复议机关的受理，亦或是根据现行法律、法规的规定，他们必须首先向相关复议机构递交申请，并针对复议结果如果仍存在异议的话，才能够向各级人民法院发起行政诉讼；如此情况下，在法定的行政复议期间内，他们将不能够再次向各级人民法院提起行政诉讼。

（2）复议管辖

《中华人民共和国行政复议法》遵循权力机关级别和层级原则，详尽规定了各类行政复议机构的职权范畴，详细内容如下：如若对县级及以上地方人民政府工作部门施加的具体行政行为有所不满，申请人有权经过挑选向该部门的上级部门或同级人民政府提交复议申请。当事关海关、金融、国税、外汇管理等垂直领导型行政机关与国家安全机关的具体行政行为时，您须向上一级主管部门提交复议申请。若对地方各级人民政府的具体行为持有异议，应向上一级地方人民政府递交复议申请。倘若对省级、自治区政府设立的派出机关下属县级地方人民政府的具体行政行为存疑，则应向该派出机关敦请复议。最后，若对国务院及省级、自治区、直辖市人民政府做出的具体行政行为持保留意见，便可以其为对象向国务院或相关部门申请复议。对争议结果若仍不满意，您可以向法院提起行政诉讼；同时，也可向国务院申请裁决，国务院依本法规定出具终极裁决。

若当事人对于其他行政机关或组织所做出的具体行政行为持有异议，应根据以下几种情况申请行政复议：首先是针对县级及以上地方各级人民政府依法设立的派驻机关所做出的具体行政行为，此时可向上设有此类派驻机构的人民政府递交行政复议请求书；

其次是对于政府各职能部门依法设立的分支机构，如依照相关法律、法规或者规章制度，利用自身名义独立做出的具体行政行为表示不满时，应当向该分支机构的上级部门或者该部门所在地区的县（区）级人民政府提交复议申请；第三种情况则是，当对法律、法规授权的机构的具体行政行为有所质疑时，当事人可根据具体情形分别向其直属的地方人民政府、地方人民政府职能部门或者国务院有关职能部门提出复议申请；第四种情况是，当对两个甚至更多个行政机关以联合名义作出的具体行政行为感到不满时，应向这些行政机关共同的上一级主管部门提交复议申请；最后一种情况是，当对已被撤销的行政机关在其撤销前所作出的具体行政行为表达疑惑时，可向上一级继续行使其职权的行政机关递交复议申请。在此提及的五种情况中，如果符合其中任意一项，当事人还可以选择向具体行政行为发生所在地的县（区）级地方人民政府提交复议申请，而接受申请的县级地方人民政府会依据《行政复议法》的规定进行处理。

（3）复议受理

中华人民共和国行政复议法明文规定，行政复议机关在收到公民、法人或其他组织提出的复议申请之后，须在五个工作日内對该申请进行审查，并根據审查结果决定是接受还是拒绝受理。在特殊情况下，例如案件涉及重大公共利益或者公民权利遭受严重侵害等情形時，行政复议期间可暂停具體行政行为的執行。

（4）复议决定

在处理行政复议案件时，原则上我们会采取书面审查这一有效途径进行审核；但在个别情况下，如申请人明确提出了相关请求或者我们认为存在必须展开调查、举行听证等额外程序的需求时，也会考虑采纳这些方式以全面了解案情和证据。针对行政复议案件的处理，行政复议机关需在接到申请之日起的 60 个工作日内做出最终的复议决定，但若相应的法规条文对此类事项设定的期限不足 60 天的，此项规定可适当放宽至最长不超过 30 个工作日的。行政复议决定书在正式送达后立即产生法律约束力。对于被申请人而言，他们有义务严格执行行政复议决定，如果出现未按照要求履行或拖沓延迟履行的情形，行政复议机关或上级主管部门有权责令被申请人尽快完成整改。

第二章　企业法律制度研究

第一节　经济法主体

一、经济法主体概述

（一）经济法主体的含义

经济法律主体是指那些直接参与到国民经济活动的组织与个人，这些组织与个人都在进行着生产经营及消费行为，同时也在享有经济法律所赋予他们的权利（职权）并承担它们应尽的义务（职责）的那类社会实体。

社会实体是组成社会的基本单位，其范围非常广泛，包括国家、国家机关、社会经济组织、自然人等，社会的发展将使社会实体的形式逐渐丰富和多样化。经济法主体的范围是一个动态范畴，它可能随着社会实体范围的扩大而扩大。在这里，经济法主体专指那些参与到国家依法干预本国经济运行过程中的社会实体。

由于同一社会实体可以同时处在不同的法律关系中，因而经济法主体也可以同时以民法主体或行政法主体等身份出现，这是由社会实体的多重身份性和社会关系的错综复杂性决定的。例如，某一国家机关，它可在实施调控经济职能时以经济法主体身份出现，也可同时在接受行政复议申请进行行政复议活动时以行政法主体身份出现。

综上所述，经济法所调整的乃是在国家对其本国经济运行过程中所涉及到的各类社会经济关系，而此中的经济法主体则作为此类特殊经济关系构建出的基础单元，可谓这些经济活动的直接参与者。它不仅可称得上是经济法所赋予之各类权益（权力）的享有人，同时也是应担负的经济责任（职责）之人，是经济关系中的最为积极且活跃的一股力量。

（二）经济法主体的特征

1. 主体范围的广泛性

在经济法的理论框架下，我们所定义的主体不仅包含那些在经济法律关系中占据主导地位且具备广泛影响力和代表性的各级国家权力机关之外，还包括那些在经济法律关系中发挥着基本功能且具有无可替代作用的各种类型的企业。此外，这个定义还涵盖了如公司的内部管理机构、农村的承包经营者、个体工商户、合伙企业以及法人实体的分支机构等各类社会团体。

2. 主体资格的法定性和复杂性

所谓法定性，是指经济法主体必须严格依照法律规定并遵循一定程序才能取得的相应资格。如国家经济管理机关必须依照宪法、有关组织法及其他相关法律规定，才能获得合法地位并取得合法的经济管理职权；经济活动组织则必须依法设立并进行登记，才能获得经济法主体资格。所谓复杂性，是指同一主体因参加不同内容的经济法律关系而拥有不同的主体地位。如国家机关既可作为经济法律关系中的管理者，也可作为直接参与经济交易法律关系的主体。

3. 主体行为的特定性

经济法主体的行为实施范围，必须是在国家干预本国经济运行过程中的国民经济管理活动或生产经营活动。

4. 主体地位的不对等性

（1）组织上具有隶属性

经济法调整的经济关系，主要是政府以管理主体身份与作为被管理主体的经济个体之间发生的经济关系，即行政隶属性经济关系。其中，管理主体必须依法行使法律规定的经济职权，而被管理主体应无条件地接受。

（2）意志上具有从属性

这主要体现在经济职权关系中，即在经济管理主体行使经济职权时，被管理主体必须服从其管理，如国家税务机关在行使税收征管权时，纳税人必须无条件执行。

综上所述，经济法在评判相关经济行为属性时，以社会整体效益为根本依托，把社会各个个体的财富支配纳入到社会公共资源利用及配置的多元组合中，倡导全体公民共同尊崇经济法则，科学分配资源，有效化解个体效益与集体利益、微观利益与宏观利益、经济利益与社会公益、短期效益与长期利益之间的冲突，借此来维护经济秩序的稳定，推动经济活动的进步。据此，经济法所秉持的核心价值观念即是突出社会效益与推动社会公正性的辨证统一。

（三）经济法主体资格的取得

1. 依照法律的直接规定取得

依据国家的相关法律法规，各个经济行政管理主体通过获得国家或权威权力机关通过决定、命令或者特定授权等方式，从而得以拥有了作为经济法主体的合法身份。这些特殊的经济法主体通常会受到法律以及规范性文件的明确规定，经由权威权力机关审批建立，在得到法定的编制与配置专属人员及相应办公设备之后，由至高无上的政府机构进行公告宣誓正式成立。

2. 依经济法市场准入制度取得

除国家经济管理主体以外的其他经济法主体资格的取得，除了具备一般民事主体的资格条件外，经济法还针对有关涉及宏观经济运行和市场运行的特定行业或特定经济行为，规定了特别的市场准入制度。如拟从事金融、建筑、药品、食品等经济活动的行为人，必须要满足相关行业的市场准入条件，并经过相应的许可程序，才能取得主体资格。

3. 参加经过国家干预的社会经济关系直接取得

自然人通常不具有经济法主体资格，但在特定条件下，由于其直接参加经过国家干预的社会经济关系，在经济法律关系中享有权利和承担义务，因而也可以成为经济法主体。如在自然人与有关部门的社会经济保障关系中，自然人便获得经济法主体身份。

二、经济法主体体系

（一）经济活动主体

经济活动主体，指根据法律规定取得经济活动资格而进行社会经济活动的主体。

1. 投资者

投资者，指将其拥有所有权或处分权的货币、实物或无形财产投入企业，取得出资者所有权，以追求资产的保值增值为目标并承担一定风险的市场主体。根据不同标准，可将投资者作如下分类。

（1）法人投资者与自然人投资者

法人投资者，是指依法将本法人占有的资产以自己的名义向外投资并享有出资者所有权的企业、基金会、事业单位等。自然人投资者，是指依法将本人所有的资产以自己的名义向外投资并享有出资者所有权的自然人。这两种投资者在投资范围、风险责任等方面均存在差异，如自然人可以投资于合伙企业或独资企业并承担无限责任，而法人投资者只能投资于公司，只承担有限责任。

（2）国有投资者与非国有投资者

者指对外投资的国有企事业单位，其投资于公司的股份为国有法人股；后者是指经授权直接代表国家进行投资和享有出资者所有权的主体，它受国有资产所有者（政府）的委托，在授权范围内向企业投资，其投资于公司的股份为国家股。非国有投资者包括自然人投资者和非国有法人投资者。

（3）内资投资者与外资投资者

这是以投资来源国别为标准对投资者所作的分类。应当注意的是：一是根据我国法律规定，由于外商投资企业属于中国企业，其在中国内地的投资属于内资投资。二是港、澳、台地区投资者到中国内地投资视为外资投资者。

2. 经营者

经营者是指依法获准进入市场并从事商品生产经营的市场主体。在我国，可作为经营者的经济实体有企业、个体工商户、农村集体经济组织、农户和从事营利性活动的事业单位等。一般来说，获得经营者资格应具备以下条件：（1）具有相应的意志能力，即经营者在经营中形成的表达自身意志的能力。（2）有依法核准的经营范围（又称营业范围），指经营者能从事生产经营的行业及项目，并仅在该范围内享有权利、承担义务。（3）财产能力，即经营者从事经营的财力和物力，指经营者所拥有的货币形式和实物形式的财产。（4）技术能力，即经营者以自己的技术从事生产经营的能力，表现为职工技术素质与技术设施、技术资料的统一。

3. 劳动者

劳动者指的是处于法定劳动年龄段且具备劳动能力的公民。依据法律的明确规定，我国的劳动者包含了从事农业生产活动的农民以及非农产业领域中的各类从业人员；既有正职工作的劳动者，也有暂时待岗的失业者；同时还涵盖了普通劳动者与特殊岗位上的劳动者等各类人群。

在市场经济条件下，劳动者资格应当具有平等性，即凡具有劳动能力的公民，其劳动者资格不因种族、民族、性别、信仰、财产状况等因素的不同而受限制或被剥夺。然而，劳动者资格平等性的实现程度往往受到经济体制和经济发展水平的限制，由于我国现在还是一个发展中国家，经济体制转轨尚未完成，受各种因素的制约，劳动者资格在较长时期内仍不能实现完全平等。

劳动力所有权是劳动者权利的核心，也是劳动者不可转让的权利，它属于人权的基本组成部分，其内容包括占有、使用、处分和收益四个方面。目前，我国法律应贯彻"以人为本"的理念，以保护劳动者权益为宗旨，通过开发劳动力资源来提高劳动者的地位，调动劳动者的积极性，在促进和完善劳动力资源市场配置机制的同时，对劳动力市场进行适当干预，从而充分发挥劳动者在经济发展中的作用。

4. 消费者

经济法中的消费者主體，是指向過程性使用和生產性消費的商品或服務的人們。該體現形式確實是由自然人以及個體社會成員組合而成的，他們主要的利益就是享有消費者權利。然而在市場交易環境當中，消費者與經營者之間處於一種相對來說比較強弱不均的位置，主要表現在以下多方面的特質：（1）消費者的需求滿足程度普遍低於經營者，但承擔的風險卻遠高於經營者。交易行動中，從經營者獲得貨幣收入後，他們已經在價值觀上得到滿足，並將貨物可能遭受損壞及其帶來的壓力轉移到消費者身上；相反，消費者需要在使用商品及服務之後才可能得到需求的滿足，因此存在著具體的使用價值風險。（2）消費者的信息獲取渠道相比起經營者來相形見拙。交易環節中，消費者的產品或服務的知識和認知相對盲點，顯然是遠不及經營者那樣充裕的，且隨著科技進步和產品服務種類繁多的發展，這種差距也必須逐漸拉大。（3）消費者的經濟能力通常要大大落後於經營者。在生產和經營的社會化、專業化背景之下，由於消費者受到財產能力的限制，想要通過法律手段追問侵犯其權益的經營者的法律責任往往相當困難。（4）在以格式合同為基礎的交易方式中，消費者對合約條款的理解和選擇能力明顯差於經營者，因此，加強保護其處於爭議地步的消費者，也是符合公平原則和高效原則的必然做法。

（二）社会中间层主体

1. 社会中间层主体的概念

社会中心层次主体，即在政府对市场进行干预，同时市场也能对政府产生影响力，并且各市场参与者之间进行紧密互动的过程中发挥着中介作用的主体，它们的角色特征及职能定位独立于政府及市场参与者两方之外。例如，工商企业界团体会、消费者权益保护社团、劳工组织、国有资产投资管理机构、商业银行、政策性银行、资产评估机构、交易经纪公司、产品质量检测单位等等，这些都被归类为社会中心层次主体。

2. 社会中间层主体的特征

（1）中介性

首先，我们可以看到社会中间层主体在市场参与者间具有重要的桥梁作用，例如律师事务所以及会计师事务所、审计师事务所等各类具有经纪性质或者传输功能的组织，它们的基本任务在于在各类市场参与者之间担任中间人或者桥梁，实现交易或者连接的作用。其次，在政府与市场主体之间，同样存在着类似于上述机构的社会中间层主体，比如诸如事业单位、地方自治团体、行业自治组织等多元化的组织，这些机构主要的职责在于将政府的相关政策和信息传递给市场参与者，同时也承担了在社区和企业间建立联系、协调合作关系的责任。

综上所述，社会中间层主体在政府介入经济运作流程、以及市场主体之间进行交易和竞争的过程中起到了关键性的衔接作用。如同桥梁一般，社会中间层主体凭借其丰富的专业知识、有价值的信息资源以及创新性的交易工具，尽职尽责地为市场运作各方面提供高质量的服务，既能有效地保持各利益方之间的联系，又能大幅降低各种操作过程中所产生的摩擦，从而达到降低交易成本之目的。社会中间层主体的存在，对于维护市场秩序、调和经济参与者之间的冲突都起着至关重要的作用。

（2）公共性

首先，必须秉持着实现并确保公共权益的坚定宗旨，这其中关注的重点在于特定领域里的公共效益，它作为在特定范围内共享给不分对象、无确定人数的广大人民群体的一种公用的利益存在。其次，我们需要试着提供更多的公共资源，这些资源还要被确认为是社会中间层主体所提供的公共物品的一部分，它们有助于填补政府职能的缺口。再者，他们的行动应当具备无可非议的公信力，这样才能使得社会中间层主体的行动具有稳定性、公平性以及正确性，同时也能换取到市场主体以及社会公众的广泛认同，并且也受到政府机构的充分肯定。

（3）民间性

本报告中所提到的"社会中间层主体"，即指罕见地独立于政府体系之外，并实际运营着的民间组织或者机构，如事业单位、社会团体以及各式各样的企业组织等多类形式皆有涵盖在内。首先，这类组织具备高度的自主性，其运作方式和决策流程全部由内部自行实现，甚至活动的宗旨、手段乃至具体内容也都可在遵守相应法律法规的基础上自由裁决，而非受到政府的直接调控。其次，这些组织的员工并不被列为国家公职人员序列之中。再者，组织的主要财政收益往往得自于自身的努力筹集与积累。最后，使用具有一定专业性的人力资源，提供一种针对特定公共领域专有的事务管理或服务。值得注意的是，尽管社会中间层主体的民间性质使得它们不断呈现出自身的特色，但这并不妨碍它们接受来自政府的委派，从而承担起一些涉及到经济及社会管理方面的专属职责。

应当指出的是，由于我国仍处于体制转型阶段，一些社会中间层主体还具有半官方性，甚至还承担着本应由政府承担的管理职能，行政化倾向严重，但随着政治体制和经济体制改革的进一步深化，社会中间层主体的本质地位必将得以确立。

3. 社会中间层主体的功能

（1）服务功能

该功能主要负责为政府构建市场监管体系提供服务支持，主要表现在社会中间层实体能够承接政府部门的特定派遣任务，对市场主体所展现出的各类经济活动进行有效约束及独立监督管理。另外，还可在市场交易与激烈竞争环境中发挥积极作用，社会中间层次实体运用其完备的组织结构、大量专业人才以及先进设施设备，为市场参与者提供全方位的专业培训支持、全面准确的市场信息、多角度的商业辅助服务等多样化服务内容。

（2）干预功能

一是对市场主体的干预。表现为：市场规制，如工商业团体对团体成员的约束等；宏观调控，如商业银行通过对贷款的投向、期限、结构的选择，引导市场主体贯彻落实国家的产业政策等。

二是对政府的影响。表现为：社会中间层主体在其职责范围内，通过参与政府决策、监督政府行为、反馈市场信息等方式，影响和制约政府行为。

（3）协调功能

首先，实现市场主体间关系的顺利协调。例如，通过消费者协会针对消费者的各项投诉事宜展开详尽调查并进行恰当有效的调解；通过工会和雇主协会之间的密切合作与协商，达成具有约束力的集体劳动合同等措施。其次，借助高效的协调机制解决市场与政府之间的矛盾所在，旨在为政府的机构职能发挥提供更为广阔的发展空间，促使其从繁杂琐碎的具体微观事务中得以解脱，进而实现管理层次结构的整体优化以及宏观经济调控能力的显著提升。

第二节　国有企业法

一、国有企业与国有企业法概述

（一）国有企业及国有企业法

国有企业乃遵循特定法规设立的政府直属或得到政府授权的企业实体，多采用传统集体所有制模式。本次讨论主针对公有制企业，暂不涉及依据《中华人民共和国公司法》构建的国有独资公司以及国有资本主导的股份制企业。

参照《全民所有制工业企业法》以及《全民所有制工业企业转制条例》相关条款，全民所有制企业拥有自主进行生产经营活动，自负盈亏，独立核算，可从事商品生产销售的合法市场主体地位。同时，全民所有制企业作为具有法定权利和义务的法人实体，享有运营管理资产的权益，包含占有、使用、受益、依照特别法律规定处理财产等方面。在此过程中，处置财产需严格遵照法律程序，确保财产分配得当且符合法律规定。

对于国有企业法律，有广义和狭义两种解读方式。狭义上，可将国有企业法定义为历届全国人民代表大会第一次会议批准的《中华人民共和国全民所有制工业企业法》（简称《企业法》）。

（二）国有企业法的原则

根据《企业法》和《全民所有制工业企业转换经营机制条例》（以下简称《转换经营机制条例》）等有关法律、法规的规定，我国国有企业法的原则主要有以下几项。

1. 两权分离的原则

在现代社会中，企业所拥有的资产通常被认为是归全体人民或国家所有，而国家则依据"所有权"与"经营权"分离的准则，将企业的"经营管理权"赋予给它们。这种所有权与经营权的分离方式，主要表现为国家在保存自身财产所有权的前提下，将特定的公共财产的经营权指定交给人民公有制企业掌握。对于国有企业而言，其经营权的具体含义即是根据"所有权"与"经营权"相分离的原则，这些企业应遵照法律规范及国家授权，在其生产和运营过程中所享有的各种权力。

2. 政企职责分开的原则

政府依法对企业实行管理和监督，不直接干预企业的生产经营活动。企业在法律规定的范围内有权自主经营。

3. 民主管理的原则

职工有参加企业民主管理的权利。企业通过职工代表大会和其他形式实行民主管理。

4. 经济责任制的原则

企业实行经济责任制，坚持责权利相结合，国家企业职工利益相统一，职工劳动所得同劳动成果相联系。

5. 提高经济效益的原则

提高经济效益，是要求企业用尽可能少的生产资料与劳动力的占用和物化劳动、活劳动的消耗，提供尽可能多的符合社会需要的产品或劳务。

二、国有企业的设立、变更和终止

（一）国有企业的设立

申请设立的国有企业必须具备以下各项条件：一是产品为社会所需要；二是有能源、原材料、交通运输的必要条件；三是有自己的名称和生产经营场所；四是有符合国家规定的资金；五是有自己的组织机构；六是有明确的经营范围；七是法律、法规规定的其他条件。

（二）国有企业的变更

企业变更的主要形式包括企业的合并、分立和企业其他重要事项的变更。

关于企业的合并与分立，它特指了两个或多个企业进行结合从而形成一家新的企业，或者是原本已经存在的某家企业进行兼并另一个或是多个企业的行为。这其中，企业的重新定位调整实质上是将一家企业分割为两家甚至更多的新企业。除此之外，涉及到的还有企业其他重要事项的变更，诸如企业的法人代表更改、主要注册地址的变动、经营场地的更迭、营业执照上的详情解释、经济类型的改变等等诸如此类的事务，除了这些还包含了经营宗旨、经营模式、注册资本的增长或者削减、经营期限的延长或者缩短以及设立或者撤销企业附属分支结构等等。总而言之，企业的各种权利与义务不会因为公司的任何变更而自动消失。相反，在进行企业变更之后，原先企业的所有权利与责任都将由变更后重新整合的企业所继承和承担。

当企业实行合并或者分离操作的时候，必须遵循法律规定来清理有关的债权和债务问题。合并或分离之前企业的一切债款负债，都应由合并或分离后的企业来继续继承并负责。

（三）国有企业的终止

企业终止原因种类多样，主要有以下几点：违法令撤销、主管部门依据法律解散、依法宣告破产及其它原因等。在解散情况下，由政府主管部门委派的清算小组接手清算工作。而企业面临破产时，则需由人民法院领导相关机构和人员组建清算团队开展清算事宜。清算过程主要分为两大步骤：1. 查核企业资产，调查并记录债权、债务状况；2. 偿还债项，清偿债务，合理分配剩余财产。

企业需于法定终止时，向注册主管部门递交法定代表人签署的注销登记申请书和相关政府批复文件——以及清债完成的证书或清算组织对债权债务清理的书面证明。在登记主管部门审核通过后，收回《企业法人营业执照》及副本，封存公章；同时通知企业开户行注销事宜。

三、国有企业的权利和义务

（一）国有企业权利的主要内容

关于国有企业权利的内容，具体体现在《企业法》和其他一系列有关法律、法规的规定之中。根据《企业法》和《转换经营机制条例》的规定，国有企业权利的主要内容可以概括为产、供、销和人、财、物两个方面。

1. 产、供、销方面的权利

（1）生产经营决策权

除了国家依法下达的指令计划，企业必须执行外，企业有权作出生产经营的决策，这一项权利包括以下内容：有权自主作出生产经营决策，有权调整生产经营范围，有权要养与需方签订合同。

（2）物资选曲权

这一项权利包括以下内容：有权要求与供方签订合同，有权自主采购和调剂物资，有权拒绝执行为企业指定的供货单位和渠道。

（3）产品销售权

这一项权利包括以下内容：有权自主销售指令性计划外产品，有权销售指令性计划外超产的产品。

（4）进出口权

我方享有以下所述之权利，内容包含外贸代理公司选择权、涉外谈判参与权、境外劳务提供权、合法自用设备及物资进口权、进出口经营权，以及依照国家法律对自有外汇进行使用安排员工出国境等。

（5）产品、劳务定价权

这一项权利包括以下内容：有权对日用工业消费品定价，有权对生产资料定价，有权对劳务定价。

（6）联营、兼并权

这一项权利包括以下内容：有权依照法律和国务院规定与其他企业、事业单位联营，有权按照自愿、有偿的原则，兼并其他企业，报政府主管部门备案。

2. 人、财、物方面的权利

（1）人事劳动管理权

这一项权利包括以下内容：有权决定企业内部机构设置和人员编制，有权自主进行人事管理，有权录用、辞退职工，决定用工形式，实行合理劳动组合，有权自主进行工资、奖金分配。

（2）投资决策权

这一项权利包括以下内容：有权依法向国内外投资，有权从事生产性建设，有权增提新产品开发基金和选择折旧办法。

（3）留用资金支配权

这一项权利包括以下内容：有权自主确定有关基金的比例和用途，有权支配使用生产发展基金，有权拒绝任何部门和单位无偿调拨企业留用资金或者强令企业以折旧费、大修理费补充上缴利润。国务院有特殊规定的，从其规定。

（4）债券发行权

企业有权依照《企业法》和《企业债券管理条例》的规定，在境内发行债券。

（5）资产处置权

依照企业生产经营需求，可自由处置普通固定资产出租、抵押或以付费方式进行转让；对于重要设施如关键设备、成套设备或建筑物，可出租并在得到政府部门许可下进行抵押及转让。但需遵守法律法规相关禁止性条款。

（6）拒绝摊派权

企业有权拒绝任何部门和单位向企业摊派人力、物力、财力。企业可以向审计部门或者其他有关部门控告、检举、揭发摊派行为，要求作出处理。

（二）国有企业义务的主要内容

在《企业法》和其他有关法律、法规中，具体规定了国有企业义务的内容。根据《企业法》和《转换经营机制条例》的规定，国有企业义务的主要内容可以概括为对国家的义务、对社会的义务、对职工的义务三个方面。

1. 企业对国家的义务

企业对国家的义务有如下几个方面。

遵守法律、法规，坚持社会主义方向的义务；

完成指令性计划的义务；

降低产品成本、提高劳动生产率的义务；

遵守财经纪律，依法缴纳税金、费用、利润的义务；

维护生产秩序、保护国家财产的义务。

2. 企业对社会的义务。

企业对社会的义务有如下几个方面。

保证产品质量和服务质量的义务；

履行依法订立的合同和协议的义务；

防止对环境污染和破坏的义务。

3. 企业对职工的义务

企业对职工的义务有如下几个方面。

搞好职工教育、提高职工队伍素质的义务；

支持职工开展科学技术活动和劳动竞赛的义务；

实行安全生产的义务。

第三节　集体企业法

一、集体所有制企业的概念与特征

集体所有制企业乃是生产资料参与分配并以按劳分配为主导的商品经济实体，其生产资料为社会主义劳动者集体所有，遵循共同劳动原则。此类企业不仅涵盖城镇与乡村，还可名之为城镇集体企业与乡村集体企业。它们作为我国公有制经济的基础成分有许多优点，例如点多面广、形式多样、运营灵活、方便群众、投放资金少且收效较快、吸纳劳动力众多等特点。这些特点对于促进生产发展、带动经贸活动、扩大就业机会、满足需求、增加出口以及提升生活品质等方面均具有极其重要的影响。

（1）集体所有制企业的全部财产归集体所有。这意味着它不属于全民所有制企业、私营企业或外商投资企业；

（2）集体所有制企业乃自主经营、自负盈亏、独立核算的商品经济组织，区别于政府机关、事业单位及社会团体；

（3）集体企业依赖集体成员进行共同劳动；

（4）企业的收入分配主要依循按劳分配原则。城镇集体企业的宗旨是推动商业生产、扩大商品交易、提供社会服务、创造财富、积聚资产、持续提升经济效益与社会效益，实现社会主义经济的繁荣。

二、集体所有制企业法

集体所有制企业法是确认集体企业的法律地位，调整集体企业的宏观调控关系和集体企业与其他经济组织的经济运行关系的法律规范的总称。此外，国务院和国务院有关部门对城乡集体所有制企业的税收、财务、金融、产品质量、劳保、环保等问题也作出了法律规定。

第四节　外商投资企业法研究

一、外商投资企业法概述

（一）外商投资企业与外商投资企业法概述

外商投资公司，依据我国相关法律法规，其包括由中方与外方共同持股或仅有外方持股的中国企业。其中，中国市场主要涵盖以下三种类型的企业：中外合资经营公司（下称合营公司）、中外合作经营公司（下称合作公司）以及境外投资公司。通常，这些企业统称为"三资"公司。

（二）外商投资企业受中国法律的管辖和保护

各立本国境外投资法例的各国皆明确要求投资公司须遵守东道国法律，此乃全球通用之惯例。在中国登记注册成立的投资子公司，将成为相应的中国法律主体；只要满足条件，便能依法律程序获颁法人资格。外商投资企业既享中国法律庇护，亦得其监管。中国并不认可某些国家僭越行为，宣称所谓的"域外管治权"。不论股东来自于何地，任何国家均不得干预中国境内的外商投资企业事务。为提升外商投资企业的管理和监督效能，中国的相关法律详细规定了外商投资企业必须遵循的中国法律和规定，同时强调不得破坏中国公共利益。国内相关部门依据法律法规对所涉外商投资企业进行严格的管理和监督。

为保障外商投资企业的权益不受侵犯，《中外合资经营企业法》与《外资企业法》专门制定条款予以确认，明确国家不对合营企业和外资企业实施国有化和征收政策，仅在特殊情形下，鉴于维护公共利益需要，且需遵从法定程序，方可针对特定合营企业或外资企业实行征收措施并提供相应补偿。

二、中外合资经营企业法

（一）中外合资经营企业的概念

中外合资经营企业，是指我国公司企业或其他单位与境外（包括港澳台）的公司企业或个人在境内设立的股权式合营企业，在中国境内共同投资、共同经营，并按投资比例分享利润、分担风险及亏损的企业。依《合资企业法》及其实施条例的规定，此种企业是有限责任公司，作为中国法人，应遵守中华人民共和国的法律、法规。在经济特区也有中外合资经营的股份有限公司。根据我国《宪法》第十八条的规定，中国合营者包括中国的企业或者其他经济组织，外国合营者包括外国的企业、其他经济组织和个人。这种投资形式较多地应用于投资多、技术性强、合作时间长的项目。

（二）中外合资经营（合营）企业的设立

1. 设立合营企业的条件

申请设立的合营企业应注重经济效益并符合下列一项或数项要求。

采用先进技术设备和科学管理方法，能增加产品品种，提高产品质量和产量，节约能源和材料；

有利于技术改造，能做到投资少、见效快、收益大；

能扩大产品出口，增加外汇收入；

能培训技术人员和经营管理人员。

对有损中国主权的、违反中国法律的、不符合中国国民经济发展要求的、造成环境污染的，签订的协议、合同、章程明显属不公平、损害合营一方权益的设立合营企业申请，不予批准。

2. 设立合营企业的申请

申请在华设立合资企业，须由中方合营者提交项目提案及初阶可行性研报告至企业行政管理部门审定。通过审查且获准转送审批机关批准之后，各方可启动正式谈判流程，围绕可行性研展开深度工作，并依此拟定合营企业协议、合同以及章程等文件。

申请设立合营企业，由中国合营者负责向审批机关报送下列正式文件。

设立合营企业的申请书；

合营各方共同编制的可行性研究报告；

由合营各方授权代表签署的合营企业协议、合同和章程；

由合营各方委派的合营企业董事人选名单以及由合营各方协商确定或由董事会选举产生的董事长、副董事长人选名单；

中国合营者的企业主管部门和合营企业所在地的省、自治区、直辖市人民政府对设立该合营企业签署的意见。

合营企业协议，是指合营各方对设立合营企业的某些要点和原则达成一致意见而订立的文件。

合营企业合同，是指合营各方为设立合营企业就相互权利、义务关系达成一致意见而订立的合同。

合营企业章程，是按照合营企业合同规定的原则，经合营各方一致同意，规定合营企业的宗旨、组织原则和经营管理方法等事项的文件。

合营企业协议与合营企业合同有抵触时，以合营企业合同为准，经合营各方同意，也可以不订立合营企业协议而只订立合营企业合同、章程。

3. 设立合营企业的审批

在我国内地举办合资经营企业，原则上需得到我国对外经济贸易主管部门的审核与审定。经过许可之后，相关部门将发出正式的批准证明书予以确认。当合资企业符合相应设置标准时，该审核流程亦可以由我国对外经济贸易主管部门委托特定的省、自治区、直辖市人民政府或者国务院相关部委以及直属机构（以下简称被授权部门）进行处理。经过被授权部门的批准成立的合资经营企业，应当向我国对外经济贸易主管部门办理登记手续，并由国家对外经济贸易主管部门颁发批准证明书给予认可。我国对外经济贸易主管部门及被授权部门均共同归类为审批机关之列。

审批机关在收到合资方按规定提交的所有文书资料之日次日起算，应当在三个月以内做出是否通过许可的决断。若审批机关发现提交文件存在问题或缺陷，有权提出要求其在指定时间内进行修正，若修正不及格则不能得到许可。

4. 设立合营企业的登记

合营企业办理开业登记，应当在收到国家对外经济贸易主管部门发给批准证书后的30天内，由企业的组建负责人向登记主管机关提出申请。

合营企业由国家工商行政管理局或者国家工商行政管理局授权的地方工商行政管理局核准注册登记，登记主管机关应当在受理申请后30天内，做出核准登记或者不予核准登记的决定。

合营企业经登记主管机关核准登记注册，领取《企业法人营业执照》后，企业即告成立，取得中国法人资格，其合法权益受国家法律保护。合营企业凭据《企业法人营业执照》可以刻制公章、开、立银行账户、签订合同、进行经营活动。

（三）中外合资经营企业的注册资本与投资总额

作为有限责任公司股东的合营各方以其认缴的出资额对企业承担有限责任。合营企业以其全部资产对其债务承担责任。所谓认缴的出资额，是指合营各方为设立合营企业同意投入的资金数额。

合营各方缴付出资额后，应由中国的注册会计师验证，出具验资报告。然后，由合营企业根据验资报告发给合营各方证明其出资数额的出资证明书。

1. 合营企业的注册资本

（1）在合营企业的注册资本中，外国合营者的出资比例一般不得低于25%；

（2）合营企业在合营期限内，不得减少其注册资本；

（3）合营企业的注册资本应符合《公司法》规定的有限责任公司的注册资本的最低限额，即以生产经营为主的公司人民币50万元；以商品批发为主的公司人民币50万元；以商业零售为主的公司人民币30万元；科技开发、咨询、服务性为主的公司人民币10万元。

2. 合营企业的投资总额

合资企业的总投资额由合资协议和章程所确定的生产规模需求，包含基本建设费和运营资金在内，包含注册资本和借款两个部分。以下是注册资本与投资总额比例的详细规定：首先，投资总额在300万美元（包括本数）以内的，注册资本需占到投资总额的70%以上；其次，投资总额在300万美元到1000万美元（同样包括本数）之间的，注册资本需占到投资总额的2/5左右，并且，如果投资总额小于420万美元，注册资本不能低于210万美元；再次，投资总额在1000万美元至3000万美元之间（包括本数）的，注册资本需至少占到投资总额的1/4；若投资总额高于1250万美元但低于3000万美元，则注册资本要求不低于500万美元；最后，若是投资总额超过3000万美元，那么注册资本至少要占用投资总额的1/3，并且在此范围内，投资总额低于3600万美元时，注册资本不能低于1200万美元。如有特殊情况需要改变这些条款，需获得对外贸易经济合作部与国家工商行政管理总局的批准。

（四）中外合资经营企业合营各方的出资方式与出资期限

1. 合营各方的出资方式

合资各方可通过多种途径出资：首先可运用货币出资方式，即将现金投入其中；其次是使用实物资产，例如以建筑物、工厂设施、机械设备及其它物品进行投资入股；最后可用工业产权保护、专有技术知识、特定土地使用权进行投资。若以实物和工业2产权、专有技术为出资形式，其价值将根据公平合理地协商来确定，或是认可并聘请双方均认可的第三方进行评估。对于外国合资伙伴所提供的机器设备、其他物品、工业产权或专有技术，需符合相关规定的要求。外国合资同业如果以工业产权或专有技术为出资，需要递交这些知识产权的相关信息；外国合作方以机器设备或其他物资、工业产权或专有技术为出资时，需先经过中方企业上级主管机构的审核，然后报请审批机关签署批准才能生效。

中国合营者可以用场地使用权来作为企业合营期间的出资方式，如果中国合营者不以场地使用权作为出资方式，合营企业应向中国政府缴纳场地使用费。

2. 合营各方的出资期限

合营各方应当在合营合同中明确出资期限，并且应当按照合营合同规定的期限缴清各自的出资。

（五）中外合资经营企业的权力机构和经营管理机构

1. 合营企业的权力机构

合营公司之董事局系该公司最具权威之决策机构，由董事长、副董事长及多位董事组成。董事会依法权责，负责审议并决定涉及合营公司重大事务的问题，具体权利详见本公司章程及合营协议约定，且最少需有三位董事在场。股份分配方案则依据各方所持资金数额予以协商制定，再依照已定方案任命各董事。每位董事之任期四年，任期满后，若合营各方未否定，即可连任。董事长及副董事长之人选可由合营各方共同商定或由董事会推选而出。若某方担任董事长职务，则另一方作为副董事长。董事长为该公司法定代表，若其无法履行职责，须委托副董事长或其他董事代理主持大局。董事会会议每年至少举行一次，而若有超过三分之一之董事提议开会，亦可立即召开临时会议。会议进行时，需保证参与人数超过二分之一，方可视为有效会议。

以下几点事项，必须经过全体出席董事会会议的董事一致赞同后，才能做出决定：修改合营公司的相关规章制度；合营公司的终止运营、解散；合营公司注册资本的增减、转让；以及合营公司与其他经济实体的合并等。至于其他事项，可视公司现行规章制度之规定进行决议。

2. 合营企业的经营管理机构

合资公司的相关运营及管理事宜归属经营管理部门负责，该部门配置总经理1名以及若干副经理作为其职能与服务团队。此外，还设有其他高级管理人员，以支撑整体运营。总经理、副总经理、总工程师、审计师等人选皆由董事会经审批后委派，既可从本国员工中选拔，亦可任职于外国员工。总会计师则同样由董事会选定，多为我国国民担任。

总经理作为执行者，需全面落实董事会制订的决策计划，积极安排并负责合营公司的日常运转。在董事会赋予之权限范围之内，总经理亦有权对外代表合资公司，权利广泛，包括任命下辖员工等。副总经理则负责配合总经理的工作需要。关于机构设置和人员编制问题，合营公司可依据实际情况进行自主裁量。若有境外或港澳分支机构需求（如销售机构），须向国家外汇管理局申请许可方可操作。

三、中外合作经营企业法

（一）中外合作经营企业的概念

中外合资经营企业，是指中方及外方根据中华人民共和国相关法规，在中国境内共同举办的，根据合作协议约定分享收益或产品并共担风险和损失的企业。若具备法人资格，则可依法取得中国法人身份。通常情况下，由中方负责土地、厂房以及人力资源供应，而外方则提供设备、技术和资金等方面的投入。收益按照双方签订的合约进行分配。中方合作者可以是中国的企业或其他经济组织，外方则包括外国企业和其他经济组织甚至个人。这种合作模式具有多元性，既可缓解我国资金短缺问题，同时也能吸纳外资投资。

中外合作经营企业属于契约性合营，投资或合作条件不转化为股份，故无比例划分收益或产品，共担风险与损失。此事宜有待双方在合作协议中明确规定。这是与所有权性质的中外合资经营企业的显著差异。此外，中外合作经营企业还可分为具备中国法人地位的以及不具备中国法人地位的各类合作形式，但依法注册于中华人民共和国境内的中外合资经营企业均享有中国法人地位。

（二）中外合作经营企业的特点

中外合作经营企业的特点包括以下几点。

合作企业的一方为外国合作者，另一方为中国合作者；

合作企业合作各方的权利和义务都在签订的合同中确定；

合作企业的法人资格有可选择性；

合作企业中的外国合作者可以先行回收投资；

合作企业的管理机构具有多样性。

合资企业与合作企业主要区别在于：第一，关于经营方式，合资企业属于股本型合作，合作企业则是基于契约；第二，组织结构方面，合资企业为具法人地位企业，以出资额计有限责任，合作企业须依法取得在华法人身份，按所投金额或条件定有限责任，若无，依照民法行事；第三，资金回收，合资仅在破产后方可回本参与合作者在特定情况下可享有提前回收权；第四，经营管理方面，合资企业的决策为董事会及其下属，合作企业的决策可能多样，如董事会制度或联合管理委员会甚至委托管理制度；最后，利润分配上，合资企业须扣除税收及规定基金后按照股权比例分配利润，而合作企业则依据合同约定利润份额象，通常包括净收入分成、产品分成、产值分成等方法。

（三）中外合作经营企业的设立

1. 国家鼓励举办的中外合作企业

国家积极引导企业从事产品出口或运用高新科技，这些被誉为生产型合作企业。其中，产品出口企业是将其全部或大部分产出在外销售并产生外汇净收益的制造型公司；而技术先进的企业则依赖于外国投资者提供先进技术，进行新产品的研发及提升，以此方法提高出口值或取代进口。

2. 设立中外合作企业的申请和审批

设立中外合作企业的项目申请书，并附送主管部门审查同意的文件；

合作各方共同编制的可行性研究报告，并附送主管部门审查同意的文件；

由合作各方的法定代表人或授权代表签署的合作企业协议、合同、章程；

合作各方的营业执照、资信证明及法定代表人的有效证明文件，外国合作者是自然人的，应提供有关其身份、履历和资信情况的有效证明；

合作各方协商确定的合作企业董事长、副董事长、董事或者联合管理委员会主任、副主任、委员的名单；

审查批准机关要求报送的其他文件。

在下列情况下，设立合作企业的申请将不予批准：损害国家主权或者社会公共利益的；危害国家安全的；对环境造成污染损害的；有违反法律、行政法规或者国家产业政策的其他情形的。

3. 设立中外合作企业的登记

设立中外合作企业的申请经批准后，应当自接到批准之日起 30 日内向工商行政管理机关申请登记，领取营业执照。营业执照签发日期为企业的成立日期。合作企业自成立之日起 30 日内向税务机关办理税务登记。

（四）中外合作经营企业的组织形式与注册资本

1. 中外合作企业的组织形式

具法人地位之中外合资企划，运作模式为有限责任公司，各权益方就承担企业应有债务的责任有明确认定，即以所投入的资金或提供之合作条件为上限。对于合责企业而言，全部资产将用于应对债务。

无法人地位之合作企业，其参与方需要依照认缴的投资金额或合作条件，在规则合同中确定各自负担债务的份额，以确保合作各方共同利益不受损。对于偿债超出应承担部分的合作方，有权请求其他方予以补偿。且毋庸置疑，对于无法人地位的合作企业，参与各方实际上形成了合伙关系。

2. 中外合作企业的注册资本

合营企业的注册资金即是工商注册登记时各参与方所承诺认缴的出资总额，可用人民币或各方同意的可自由兑换外币计量。注册资金并非投资总额，后者包含资本注册及借贷之本金总和。

合资期限内在所有情况下不得减少注册资金，除非投资总额和生产规模出现变故导致必须减少，此时则须经过相关审批机构鉴定批准。

（五）中外合作经营企业的投资与合作条件

1. 合作各方的出资方式

各合作方需依照法律法规以及企业合作合同约定，投资于合资公司或给予合作条件。其投资与合作条件的方式，既可采用货币资金，亦可用实物资或工业产权及专利、土地使用权等财产权利。合作各方以自有资产或财权作为投资条件时，该投资条件不得设置任何抵押或其他形式的担保品。在投资或合作条件缴清之后，须由中国注册会计师进行核实并签发出资证明书予各合作方。

2. 合作各方的出资比例

中外合作企业经合法程序获得法人地位时，外资合作方可投资不得少于合作企业注册资本的 25%；未取得法人地位的中外合作企业，其合作各方在合作企业中的投资或合作条件的细节规定，则需遵守对外贸易经济合作部的相关规范。

3. 合作各方的出资期限

根据合作企业的运营需求，合作各方须在合同中明确约定各自的投资期限和条件，若未按规定缴纳或提供，则可能面临工商行政管理部门的强制执行。若逾期未有补救措施，审批机构将撤回证书，工商部门将会吊销该合作方的营业执照，并予以公示。对于未按合同约定期限缴纳投资或提供合作条件的一方，需对已履行义务的一方承担相应的违约责任。

第五节　个人独资企业法研究

一、个人独资企业法概述

（一）个人独资企业的概念与特征

独资企业是一种古老的企业组织形式，它产生于商品经济初期，发展于自由资本主义时期，即使在现代社会中，它也以设立简您、出资灵活、经营便利等优点而占有重要地位。在我国，独资企业的含义一般有广义与狭义之分，一个法人或一个自然人单独投资设立的企业。从广义来理解，我国目前的以下企业均为独资企业。

一是国有独资企业，即完全由国家单独投资设立的企业。它通常由某个政府业务主管部门或国家授权的投资经营机构，按照国家投资建设程序运用单一的国家资金投资设立的。

二是集体独资企业，指一个集体所有制企业以自己企业的资金单独投资所设立的一个新企业。

三是个人独资企业，也称自然人投资设立的企业，或指以一个自然人的名义投资设立的企业。其中自然人虽然是以一个人的名义设立的，但它可以是一个或几个自然人的共有财产来进行经营的，如夫妻、兄弟、父子共同来经营，只不过它是以一个人的名义设立的。

四是外商独资企业，即由一个国外的自然人或法人单独投资在我国境内设立的企业。它包括港、澳、台地区在我国设立的企业。

五是个体工商户，指一人投资、长年经营并具有固定经营场所的经营户（一人投资、长年经营、具有固定经营场所的，事实上也属于个人独资企业的形式）。

狭义的独资企业，就是仅指上述中的个人独资企业。

1. 个人独资企业的概念

个人独资企业，指由一个自然人投资，财产为投资人个人所有，投资人以其个人财产对企业债务承担无限责任的经营实体。这也是我国法律所规定的个人独资企业。

个人独资企业与其他独资企业相比较，有如下不同之处。

（1）投资主体不同

个人独资企业是我国自然人投资设立的企业，或指以一个自然人的名义投资设立的企业；其他独资企业的投资主体主要是国家、集体或者外商，外商虽然也有个人投资设立外商独资企业的，但外商非我国公民。

（2）资产状况不同

我国的自然人虽然是以一个人的名义设立的个人独资企业，但它可以是一个或几个自然人的共有财产来进行经营，如夫妻、兄弟、父子、业务伙伴的共同财产，只不过它是以一个人的名义设立的；其他独资企业的投资虽然来源于国家、集体或者外商，但其投入到独资企业的资产应当是与其他资产相区别的，不允许混同。

（3）承担责任的财产不同

鉴于个人独资企业的资产与夫妻、兄弟、父子、业务伙伴的资产混同，因而个人独资企业应以经营的财产（包括个人财产和共同财产）承担责任；而国有独资、集体独资、外商独资则只需用企业自有的财产承担责任。

2. 个人独资企业的特征

（1）个人独资企业的投资人为一个自然人

个人独资企业仅由单个投资者提供资金支持，该投资者必须为自然人，不接受法人或其他社会团体参与。此特点使其与合伙企业和公司企业明显区分开来。

（2）个人独资企业的投资人对其设立的独资企业拥有直接控制权和支配权

企业的全部资产，包括个人独资企业经营中以企业名义所获得的利润，均归投资人个人所有。在企业内部没有其他组成成分的利益要考虑，投资人完全可以凭借自己的意志经营和管理企业。

作为企业投资人它既是企业财产的所有者：又是经营者，两者是统一的，所以它具有经营灵活、受干预少、决策容易作出等优势。

（3）个人独资企业的投资人对企业债务承担无限责任

个人独资企业，投资一人享有全部权益，承担所有债务及风险，这是无限责任制的体现。在资不抵债之时，投资人需以个人其他财产清偿债务。究其原因，因独资企业仅有一位投资人，所以其财产所有权、决定权等均由投资人独享；同时，企业的损失和责任亦由该投资者肩负，以保持其权利与义务间的均衡性。

（4）个人独资企业没有法人资格

个人独资企业有自己的名称或商号，并以自己的名称或商号进行经营活动，也可以进行诉讼活动。

作为法人最重要的特征就是要有独立的财产。个人独资企业投资人投资于企业的财产与投资人的个人财产无法分开，因为企业的财产在法律上仍然属于投资者个人财产的一部分，企业财产与个人财产是合二为一的，企业没有独立南财产，当然也就没法独立承担财产贵任：而不能独立承担财产责任就不具有法人资格。

（二）个人独资企业法

《中华人民共和国个人独资企业法》作为中国社会主义市场经济法制体系的基石之一，与其她相关法律如《公司条例》及《合伙企业法》并称为市场主体法律体系。这一法律体系不仅涉及各类企业及其社会组织的生计，更直接关系到市场运营的秩序和效益，确保市场主体的合法性和纯净度，为其提供法定权力，维护权利不受侵犯，从而保证市场运营的有序且高效，推动了社会主义市场经济的不断完善和壮大。

二、个人独资企业的设立与变更

（一）个人独资企业的设立及程序

1. 个人独资企业的设立条件

设立个人独资企业须满足相关法规要求，此乃其获取法律资质并进行合规经营的基石。确立个人独资企业的设置条件和流程，既可维护其正当权益，亦便利于国家监督和管理。设立个人独资企业所需具备的条件如下：

（1）投资人须为一个自然人

个人独资企业的投资者必须是自然人且需拥有合法的民事权利。然而，在这个点上，不同的国家和地区对此有各自的规定。大部分国家遵循商业自由理念，不对投资者的民事行为能力施加任何限制，仅需具有民事权利便可担任独资企业的股东。但同时，国家法律亦明确规定个人独资企业的投资者必须是经过许可可以进行经营活动的个人，严禁那些被法律或行政命令禁止从事盈利业务的人士设立个人独资企业，比如政府机构、司法部门的工作者以及现役军人等均不得参与经营活动，因此也无法作为独资企业的投资者。

（2）须有合法的企业名称

企业的商号即其名号，主要用来表示企业在各类商业活动中的身份标识，用以区分各个企业。依照《个人独资企业法》之规定，个人独资企业必须遵守相关法规，设立后需办理登记手续，且商号需与责任形式以及经营业务相符。其中，因独资企业的投资人需为其债务负全责，故此处商号不得包含"有限""有限责任"等词语；此外，由于我国法律未承认无限公司和一人公司概念，所以独资企业在登记过程中不可使用"公司"字样。

（3）须有投资人申报的出资

个人独资企业的投资人必须有实际出资，但对于是否规定个人独资企业的最低注册资本额问题，在《个人独资企业法》的立法讨论中存在着两种意见。一种意见认为，西方国家的独资企业一般规模较小，稍有规模者为避免风险多将独资企业改为一人公司。

而我国没有一人公司的法律制度，有些规模较大的独资企业在大量负债或资不抵债的情况下，容易转移资产、抽逃资金，因此，为保障债权人的利益，有必要规定独资企业的最低注册资本额。另一种意见则认为，由于独资企业是一个自然人投资并负无限责任的企业，企业经营中的一切权利义务和风险责任，均由投资人承担，没有必要再规定独资企业的最低注册资本额。相反，规定了最低注册资本额，若规定得过高，反而会在一定程度上限制或抑制个人投资，与个人独资企业的价值取向相悖；若规定得过低，也就失去了规定的意义。因此，还是不作限制为好。我国《个人独资企业法》采纳了后一种意见，对独资企业的最低注册资本额没作要求。所以出现了"一元钱办企业"的说法。但从其立法精神认识，个人独资企业的投资人要有与其生产经营相适应的实际出资，这是其进行生产经营活动的物质前提条件。

（4）须有固定的生产经营场所和必要的生产经营条件

经营场所是独资企业从事生产经营活动的所在地，其法律意义不仅在于它是从事生产经营活动的空间范围，而且还在于它往往是企业的债务履行地，是确定工商登记管辖，决定诉讼管辖以及决定涉外民事关系的准据法等。

必要的生产经营条件是就特定独资企业而言，根据其所从事营业的特点和要求，它正常开展业务所需要的条件和设施。如一个从事商业贸易的独资企业，它需要的从事经营活动的必要条件是办公场所、电话、传真等通信设备；而对于一个从事食品加工的独资企业而言，它需要拥有的必要的生产经营条件就是食品加工设备、厂房、符合卫生要求的环境和身体健康的工人。所以，不同的独资企业，由于其所从事的行业不同，它所需要的必要生产经营条件也各不相同。

（5）须有必要的从业人员

我国《私营企业暂行条例》将雇工8人作为其区别个体工商户的主要标准之一。此项规定源于20世纪80年代我国特定的历史条件，基于当时私营企业经营规模的情况，主要考虑当时保持政策和立法的连续性，使国家有关个体工商户的政策、法规与私营企业立法相衔接，并没有科学的法理依据。事实上这一标准已远远不适宜现今的私营企业的规模了，况且对于独资企业而言，从业人员人数并不是主要衡量标准，关键在于资本的来源和责任方式。所以，我国《个人独资企业法》并未对个人独资企业的从业人员人数作出要求，只是原则性地规定须有必要的从业人员，即有与独资企业的生产经营活动相适应的营业人员。

2. 个人独资企业的设立程序

依照我国《个人独资企业法》的规定，申请设立个人独资企业必须进行以下登记程序。

（1）设立人提出申请

投资人或受托代办人需向私人独资企业所在地注册机构提交设立申请书。申请书需包括企业名址，投资人信息及驻地，投资金额，出资形式与运营范畴等关键信息，同时，如有代办需求，申办者还需提供投资人签署的书面委托以及代理人相应的合法凭证。

（2）向登记机关提交相应的证明材料

包括投资人身份证明、生产经营场所使用证明等文件。个人独资企业从事法律、行政法规规定须报经有关部门审批的业务，应当在申请设立登记时提交有关部门的批准文件。

（3）登记机关进行审核登记

对提出申请的个人独资企业，登记机关对其所提出的申请及提供的材料，需按照法律规定进行审查，对符合设立条件的，给以登记并发给营业执照。

个人独资企业自登记并领取营业执照之日起成立。

（二）个人独资企业的变更

个人独资企业的变更包括个人独资企业变更和企业登记内容变更。

1. 个人独资企业变更

个人独资企业变更，是指企业在正常经营期间因各种原因使原登记的事项发生了变化，如企业投资人发生了变化、企业经营规模发生了变化以及业务范围发生变化等。这些变化可能引起债务承担的变化，影响到债权人的利益，影响到有关部门对企业的监督和统计。因此，当企业发生上述变化时，应当及时办理变更登记。

及时办理变更登记，有利于登记机关及时了解和掌握企业的有关情况，便于对企业进行监督和服务；有利于相对人了解和查询，避免引起混乱和造成不必要的麻烦；有利于有关部门对投资人和企业给予法律保护。

2. 企业登记内容变更

企业登记内容变更，通常是指企业原登记的内容，包括企业的名称、住所、投资人及其居所、投资人的出资额和出资方式、经营范围、分支机构等内容发生变化的，需要及时办理变更登记手续。

三、个人独资企业投资人的权利义务及事务管理

（一）投资人的权利

投资人的权利主要有以下几点。

企业财产及经营收益享有所有权，即可以依法占有、使用、收益和处分；

企业经核准登记的名称在法律规定的范围内享有专用权；

对企业的生产经营活动在核准登记的范围内享有自主经营权，即决策权、指挥权和管理权；

有依法将其企业及有关权利转让、赠送和以遗嘱方式处分的权利；

有为扩大企业的经营规模设置分支机构的权利；

有依法申请贷款、取得土地使用权以及法律、法规规定的其他权利。

（二）投资人的义务

个人独资企业在其生产经营过程中，除享有依法赋予的权利外，还应承担相应的义务。个人独资企业投资人的义务主要有以下几点。

诚实经营义务。从事经营活动必须遵守法律、行政法规，遵守诚实信用原则，不得损害社会公共利益；

依法纳税义务；

建立财务、会计制度的义务；

保障和维护职工的合法权益的义务。

如与职工签订劳动合同，保障职工的劳动安全，按时足额发放工资，为职工交纳社会保险费等。

个人独资企业投资人违反《个人独资企业法》的强行性或禁止性的规定，应当依法承担行政责任或民事赔偿责任，构成犯罪的，还应依法追究其刑事责任。

（三）投资人管理事务的职权

个人独资企业事务管理涵盖企业内务与外务诸多方面的运作，其中投资人负有具体执行任务的责任，且需依赖完善的组织及制度体系予以执行。个人独资企业的投资人可

自行处理企业事务，或委任/聘请具备民事行为能力者作为代理人负责管理企业事务。在此背景下，投资人间接管理企业事务可以选择自行处理与委托他人办理两种策略。

1. 投资人自行管理事务的职权

在实际生活中，一般单一经营、技术含量较低或者经营规模较小的个人独资企业比较简单，工作量不大，可以由投资人自己经营、自己管理。个人独资企业投资人自行管理企业事务的职权包括：依法申请贷款权、依法取得土地使用权、重大问题的决策权，日常生产经营的组织权和指挥权，经营事务的决策权和安排权，企业内部的组织机构设置权，聘用和委托人员的人事权，内部人员的组织管理权、企业资产处分权、拒绝摊派的权利、对外代表企业的全权代表权、法律行政法规规定的其他权利等。

2. 投资人委托他人管理事务的职权

而经营多样性、技术含量较高或者经营规模软太的个人独资企业仅由投资人经营是不够的，需要由投资人委托或者聘用专业人才经营和管理企业。

个人独资企业的投资人也可以委托或者聘用其他具有民事行为能力的人负责企业的事务管理。

在委托他人管理个人独资企业事务时，投资人须订立详尽书面合同，明确授权范围及对受托者之权利限制，然而这些限制仅于对恶意第三方有效。倘若受托者以超限或逾期名义与其全然不知情第三方发生关联交易，投资人和企业不得抗辩并为此承担责任。而个人独资企业的投资人亦享有对受托者或被聘任管理者进行监督之权，如发现其违约或不良行为，可随时解除其受托权或聘任。

独资企业受托及聘用之人员仅应依签定之契约全面承担企业事务监管职责。应坚守忠信原则，尽职尽责，对待企业事务如同对待个人私事般谨慎处理。作为投资人专属授权或雇佣之管理者，务必恪守诚信勤勉之义务，避免实施以下各项违规行为。

利用职务上的便利，索取或者收受贿赂；

利用职务或者工作上的便利侵占企业财产；

挪用企业的资金归个人使用或者借贷给他人；

擅自将企业资金以个人名义或者以他人名义开立账户储存；

擅自以企业财产提供担保；

未经投资人同意，从事与本企业相竞争的业务；

未经投资人同意，同本企业订立合同或者进行交易；

未经投资人同意，擅自将企业商标或者其他知识产权转让给他人使用；

泄露本企业的商业秘密；

法律、行政法规禁止的其他行为。

投资人委托或者聘用的管理个人独资企业事务的人员违反上述规定，致使个人独资企业财产、名义遭受损失的，应当承担赔偿责任。

四、个人独资企业的解散和清算

（一）个人独资企业的解散

个人独资企业的解散，是指由于出现了法律规定的情形而失去经营能力，从而使企业失去了存在的基础，依据法定的程序终止经营解散组织的情形。

个人独资企业的解散，是企业作为一个经营实体因法律规定的原因归于消灭的一种状态和法律程序。个人独资企业在发生下列情形之一，时应当解散。

一是投资人决定解散。个人独资企业是自然人进行商业运作的一种载体，基于商业自由原则，它产生于投资人自愿设立的行为，当然也可以因投资人的意愿使其消灭。

二是投资人死亡或者被宣告死亡，无继承人或者继承人决定放弃继承。投资人死亡，表明以其名义设立的个人独资企业在商事法律关系中的消亡，但它不等于企业经营实体的消失，投资人如有继承人，其继承人仍可继承企业财产，通过变更登记成为新的个人独资企业。如果继承人是数人的，可变更登记为合伙企业或有限责任公司。

三是被依法吊销营业执照。这属于在个人独资企业进行违法活动或违反公序良俗的活动时被强制解散的情形。根据我国法律、行政法规，有许多违法行为均可导致企业被吊销营业执照。涂改、出租、转让营业执照，情节严重的吊销营业执照；对商品或服务作引人误解的虚假宣传、拖延或无理拒绝消费者的索赔要求等，情节严重的均可由登记机关依法吊销营业执照。

四是法律、行政法规规定的其他情形。这是一个兜底的条款，主要是允许今后制定的法律法规可以另行规定。如根据产业政策调整，被有关政府机关下令关闭、撤销。

需要特别注意的是，个人独资企业一经解散，其经营活动即告终止，在其到登记机关办理注销登记前，个人独资企业的权利能力仅限于清算活动。个人独资企业只有在清算结束后，到登记机关履行了登记注销程序，它才在法律上最终消亡。

（二）个人独资企业的清算

个人独资企业在解散之时需进行清算事宜。该行为乃根据法规规定，对企业尚存事务进行清理、债务回收及债务偿还等，以实现企业消亡之目的的过程。解散时，可进行自我清算或由债权人请求法庭委派清算委员进行清算。

投资人决定解散，及个人独资企业被依法吊销营业执照，均应进行自我清算。进行自我清算时，须在清算前15日书面通知债权人。若无法电话联系，则应发布公告，告知债权人于接获通知后30日内与投资人协商债权申报事宜。若债权人在上述期限内尚未收到通知，应在60日内向投资人申报债权。

个人独资企业因投资人死亡或者被宣告死亡，无继承人或者继承人决定放弃继承从而解散企业的，或者投资人决定解散企业后无力自行清算的，企业的债权人可以申请人民法院指定清算人，进行清算。

个人独资企业清算后，其债务的清偿一般要注意以下问题。

第一，个人独资企业解散后，原投资人对个人独资企业存续期间的债务仍应承担偿还责任，但债权人在5年内未向债务人提出偿债请求的，该责任消灭。个人独资企业的投资人在清算结束后仍应对未清偿的债务承担持续的偿还责任，投资人的这种持续偿还责任又具时效性，超过法定期间，投资人不再承担清偿责任。实质上，这视为债权人放弃债权。

第二，清算人在清理完毕个人独资企业财产后，应按照下列顺序清偿债务。

一是个人独资企业所欠职工工资和社会保险费用。

二是个人独资企业所欠税款。

三是个人独资企业的其他债务。

第三，个人独资企业财产不足以清偿债务的，投资人应当以其个人的其他财产予以清偿。个人独资企业清算结束后，投资人或者人民法院指定的清算人应当编制清算报告，并于15日内到登记机关办理注销登记。

第三章 市场运行法律制度研究

第一节 合同法

一、合同的概念和法律特征

（一）合同的概念

广义述及各类法律文件中所确立的各式权利与义务协议，如民法合同、行政法合同、劳动法合同及国际法合同等。

狭义合同所涉及之范围，则主要为各种民事合同，其又细分为财产合同与身份合同两大类。财产合同主要涵盖债权合同、物权合同以及准物权合同；而身份合同则以婚姻、收养、监护等身份关系协议为重点内容。

最狭义合同仅指民事合同中的债权合同。

合同是指平等主体的自然人、法人、其他组织之间设立、变更、终止民事权利义务关系的协议。

由此可见，我国《合同法》所称的合同即为最狭义合同，它不包括劳动合同和行政合同，而且不是指所有的民事合同，主要是指有关财产关系的民事合同。有关婚姻、收养、监护等身份关系的协议，不适用《合同法》，而是适用《婚姻法》《收养法》等其他法律的规定。

（二）合同的法律特征

1. 合同是一种民事法律行为

民事法律行为乃民事主体凭借意旨表示以创设、变更、消灭法律关系之手段。此项活动以意旨表示为主导因素，这正是其与他类法律事实本质区别所在。鉴于合同乃是一种民事法律行为，仅当双方当事人表达之意旨合法且符合法律规范时，合同方能产生法律拘束力，同时获得国家法律的庇护。因此，民法中对民事法律行为的通常规定，如行为方式、有效要件、无效及撤消等，均可运用于合同之内。

2. 合同是平等主体的自然人、法人和其他组织之间的协议

在民法体系中，合同关系堪称最为典型且最为纯粹的平等关系。在此类关系下，双方当事人处于完全平等的地位。自由协商乃签订合同的基础条件和核心所在，任何一方均不能强行要求对方接受自身观点，同样地，任何第三方也无权对合约当事人施加主观意志。

3. 合同以设立、变更或终止民事权利义务关系为目的

民事主体商定合同时，旨在达成期望的目标，即引发民事权利与义务间的产生、变动甚至终结。所谓权利义务关系的产生，即是在当事人间建立特定的法权关系，明确享有的民事权力及承担的民事责任。权利义务关系的变动则是当事人借助签订合同对原有关系做出调整，例如价格、品质标准、履行期间等细节的改变。至于权利义务关系的终结，亦即以签订合同来消弭原有联系。

4. 合同是当事人意思表示一致的协议

由于合同是合意的结果，因此它必须包括以下要素：第一，合同的成立必须要有两个以上的当事人。第二，各方当事人必须互相作出意思表示。第三，各个意思表示是一致的，也就是说当事人达成了一致的协议。

二、合同的分类

（一）双务合同与单务合同

依双方权利义务分配类型，可将合同划分为双务合同及单务合同。双务合同为两方同时握有权利并负担义务的合同，双方呈现比例对等的债权债务关系，即每方均具债权人与债务人双重身份。如买卖、租赁等合约类型皆属此类。单务合同则仅指一方享受权利而另一方承担义务，一方不享权另一方不负义。如赠予、偿还借物和无偿保管三类合约。

（二）有偿合同与无偿合同

根据双方取得利益所需付出的对价不同，合同划分为有偿和无偿两种类型。有偿合同即指一方取得权益需为之支付相应代价，诸如买卖及保险等合同；反之，无偿合同中另一方取得权力，无需付出任何代价，例如赠与合同。

（三）诺成合同与实践合同

依照合同成立是否依赖于实际交付客体的原则，可以将合同划分为诺成性合同与实际履行合同两类。诺成性合同是指仅凭双方合意便能生效，无需实际转移财物的合同类型，诸如借款、运输、仓储、代理以及雇佣等各类合同均属于此类。而对于实践性合同来说，在各方达成一致意见后，还需要完成标的物确实交割或实施其他实际的给付行为，例如租赁契约。

（四）有名合同与无名合同

按照民法规定，根据合同法规制度给予的命名和规范特性，可将合同分为有名合同和无名合同两种类型。著名合同即典型合同，具有明确的名称和调整规则，受法律制约；而无名合同即非典型合同，尚未在法律条款中明确定义，调整过程相对复杂。《中华人民共和国合同法》的分则部分列举了其中的 15 种有名合同，具体包括：买卖合同、供用合同、供用水、电、气、热力合同、赠与合同、借款合同、出租合同、租赁合同、融资租赁合同、承包合同、建筑工程合同、运输合同、技术合同、保管合同、仓储合同、委任合同以及行纪合同和居间合同等。

5. 要式合同与不要式合同

依据合意形成所需形式的有无，可以将合约定义为要式合同与不要式合同两种类型。所谓要式合同，即是指在法律上规定必须遵循特定形式及程序办理的合同；反之，凡法律未严格要求某种形式或程序的合同，均被归入不要式合同范畴。

6. 主合同与从合同

依据合同间的主从性质分类，可将合同细分为主合同和从合同。主合同存在无需其他合同作为支撑。而从合同又称为附属合同，必须有另外一个合同作为依托才能成立。譬如提供担保的借款合同下的保证合同、定金合同以及质押合同，均处于附属地位。从合同以主合同的存在为基础，因此主合同的成立及有效性会直接影响到从合同，但反过来则未必如此。

三、合同法的基本原则

（一）平等原则

平等原则乃民法基石，区别于行政与刑事法律特性，亦为合同法各项原则的支撑源泉。在合同法中，所谓平等原则就是指当事人在法律面前享有同等地位，具体表现为三方面：（1）在签订合同时，双方均处在相同法律地位上；（2）在合规执行过程中，双方视为处于同一水平线上；（3）在应负合同责任之际，双方依然保持着对等身份。

（二）自愿原则

自愿原则是指合同当事人在从事合同活动时，能充分、自主地根据自己的内心意愿，设立、变更、终止债权债务关系，任何单位和个人不得非法干预。自愿原则被认为是合同法的最重要的基本原则，它是平等原则的必然延伸和要求，又是公平原则的前提。当事人的合同自愿原则贯穿于整个合同行为过程，具体表现为：①缔结合同的自由；②选择相对人的自市；③确定合同内容的自由；④选择合同形式的自由；⑤变更和解除合同的自由；⑥选择解决合同争议方法的自由。

自愿原则是法律赋予的，同时也受到其他法律规定的限制，是在法律规定范围内的"自愿"，法律的限制主要有两方面，一是实体法中强制规范的规定。例如，法律规定某些物品不得买卖，比如毒品；合同法给一部分当事人施加必须缔结某种合同的义务，这主要是对一些从事公共服务事业的当事人提出的要求。

（三）公平原则

公平是法律廻基本的价值取向。法律的基本目标就是在公平与正义的基础上建立社会秩序。公平原则要求合同当事人应当根据公平、正义的观念确定各方的权利和义务。各方当事人都应当在不侵害他人合法权益的基础上实现自己的利益，不得滥用自己的权利。具体内容有两个方面：

一是平衡利益。即双方当事人订立合同时确定的权利和义务是要大体平衡的。但这种平衡并不是绝对的相等。判断是否平衡有两种情况。其一是在当事人之间并无争议时，采用当事人主观主义，即只要当事人认为各自或相互之间的权利与义务是平衡的即可，客观上是否平衡在所不问。其二是在当事人出现争议时，即当事人认为不平衡时，则采用客观主义，即看是否双方利益"大体相当气只要未达到显失公平的程度，则承认其效力。

二是维护社会正义。平衡利益实现的是当事人之间的个别公平，公平原则还要求当事人要维护社会正义。主要体现在：其一，对第三人的公平。即合同当事人不得恶意串通，订立合同损害第三人的利益。例如，甲和乙订立赠与合同，以损害内对甲享有的债权。其二，对于标准合同或叫格式条款而言。提供格式条款的一方不得依仗自己的垄断或优势地位损害社会正义，谋取非法或不合理利益，从而造成对不特定相对人显失公平的后果。

（四）诚实信用原则

诚实信用原则被誉为私法活动的权威准则，在合同法领域尤其强调当事人的诚信度。在确认符合公共利益且无损于他人权益的情况下，以追求自身利益最大化。这一原则深刻融入了合同订立、执行以及终止后的整个过程。

诚实信用主要包含三个层面的理解：首先，真诚相待，即内诚于心、外信于人；其次，坚决遵守承诺，不可朝令夕改或空口无凭；再次，自协商合同条款伊始，双方便建立了独特的合作伙伴关系，须坚定遵守商业道德并承担相应义务，比如互相协作、通报信息及保守秘密等事项。

公平原则和诚实信用原则都可以用来补充法律规定的不足，在法律没有规定，合同没有约定或者规定、约定不明确时，可以运用公平原则、诚实信用原则来确定双方的权利和义务。

（五）公序良俗原则

此项原则乃所有民法之基础，同时亦订正并丰富了"自愿"原则。协议双方在签订及执行合同时，必须恪守相关法律条款，严守行政法规，重视社会公德，坚决杜绝扰乱社会经济秩序或损害公共利益现象的发生。这就要求当事人在行使自身权益过程中，务必尊重社会秩序与良好习俗。

第二节 担保法

一、担保的概念

广义而言，债务担保分为一般与特别两种模式。一般担保是指债务人以其全额非指定财产为债务偿付及职责承担提供保证；而特殊担保则是以债务人本人以及第三方的特定财产为基础进行债务偿还及职责承担的担保方式。

在经济活动中，出让商品与实现价值往往存在时间上的差距，使债权人的权利可能不能实现，从而引发信用危机。为克服信用危机，防止由此而产生的经济秩序混乱，法律规定了担保制度。

为保障债权人的利益，维护交易安全与秩序，当事人在经济活动中不但要依靠一般担保的方法，而且要更多地依靠特殊担保的方法来促使债权的顺利实现。我们通常所说的担保，一般是指特殊担保。

权益担保，又称债务保障、债债保证以及债务防护等，是一种法律制度，通过保障特定债权人追索权的实现，借助于债务人或第三方的信用或是特定资产，来强化其对债务的履行承诺。

二、我国《担保法》的适用范围

（一）担保法的适用范围

我国引以为傲的《担保法》于 1995 年 6 月通过的第 8 届全国人大常委会第 14 次会议，并自同年 10 月正式启用。而令人瞩目的是，该法第 2 条第 1 款详细说明了："在贷款、商业交易、货运、承包等经济行为中，倘若债权人欲确保财产安全，皆可依照法律设定担保权益。"此条款以精确且概括性的方式阐述了《担保法》的使用范围。值得一提的是，《最高人民法院关于适用〈中华人民共和国担保法〉若干问题的解释》第 1 条进一步阐明：在不违背法律及法规强制性规定的前提下，任何由民事关系引发的债权都可设立欠缺担保。

且需遵循相关法律如海商法对于担保事宜的特殊规定。虽然《担保法》为债务担保的基础法典，然如《中华人民共和国海商法》和《中华人民共和国民用航空法》等法律针对担保问题有额外之规定时，理应以其为准，此乃特别法则在实质中的体现。

（二）担保法的限制

1. 适用范围限制

《担保法》主要规范对合同之债的担保。因政府、国家机关管理行为发生的权利义务，因人身关系产生的权利义务等，都不适用《担保法》。

2. 担保主体的限制

第一，国家机关和以公益为目的的事业单位、社会团体法人不得违反法律规定担保，否则担保无效。但担保人应当根据自己的过错承担担保无效的民事责任。

第二，董事、经理不得以公司资产为公司的股东或者其他个人债务提供担保，否则担保无效。除债权人知道或者应当知道的以外，债务人、担保人应当对债权人的损失承担连带赔偿责任。

3. 担保财产的限制

不得以法律、法规禁止流通的财产或者不可转让的财产设定担保。

4. 对外担保必须符合国家外汇管理规定

以下对外担保行为无效：

未经国家有关主管部门批准或者登记对外提供担保-或者境外机构为境内债权人提供担保；

为外商投资企业注册资本、外商投资企业中外方投资部分提供担保；

无权经营外汇担保业务的金融机构、无外汇收入的非金融性质的企业法人提供外汇担保。

三、担保法律关系

（一）担保法律关系的概念

担保法律关系是指由《担保法》确认和调整的当事人之间在担保过程中所发生的权利义务关系。与其他法律关系一样，担保法律关系也包括主体、客体和内容三要素。

（二）担保法律关系主体

担保法律关系主体即担保法律关系当事人，包括担保权人和担保义务人。担保权人也称被担保人，是在担保法律关系中享有权利的人，通常是债权人本人。

担保义务人也称担保人，是在担保法律关系中负有义务的人，可以是债务人本人，也可以是债务人委托的第三人。

（三）担保法律关系客体

担保法律关系客体亦称担保标的，是当事人双方权利义务共同指向的对象。由于无论是人的担保还是物的担保，最终都要落实到财产上，所以从《担保法》的现行规定来看，担保客体包括动产、不动产和无形财产（含权利）。其中担保中的保证是保证人的信用，在保证人承担赔偿责任时仍是以其财产承担的，因此说保证的表面上是保证人的信用，实则是保证人的财产。

担保法律关系内容不得是担保法律关系主体享有的权利和承担的义务。

如果担保人为第三人，在其承担义务后，有权向债务人追偿。

（四）反担保

反担保是指担保人为债务人履行了担保责任，为了保证向债务人追偿债务获得成功，要求债务人提供的担保。

反担保人是债务人；反担保的目的是担保人为减少风险，保证追偿权的实现采取的措施；反担保也是一种担保，形式和内容适用《担保法》的规定；

反担保的形式包括保证、抵押和质押，不包括定金和留置。

四、担保的法律属性

担保既然，系为保障债权的实现而设定，因而具有下列特征。

（一）担保具有从属性

从属性是指担保依附于债权关系而发生和存在。通常情况下，担保都是为既存的债权关系或者与担保同时成立的债权债务关系而设。因此，原则上不允许为不存在的债权债务关系设定担保。

由担保的从属性所决定，债权债务关系不成立、无效或者被撤销时，担保即因失其依附而归于消灭；债权债务关系因清偿等原因消灭或缩小的，担保也随之消灭或缩小；在附加条件或附加期限的债权债务中，债的关系未发生效力时，担保也不发生效力；担保的范围除非另有约定，仅就其成立时已经确定的债权债务（包括其转化形态及利息、实行债权时的必要费用等）为限。

值得注意的是，对于担保的从属性只能从制度整体把握，而不能做绝对的理解。担保合同是主合同的从合同，主合同无效，担保合同无效。担保合同另有约定的，按照约定。另外，最高额保证和最高额抵押，允许为将来存在的债权预先设定保证或抵押。前者是作为私法的担保法赋予当事人的意思自治，后者则是适应市场经济发展的客观要求而设置的担保从属性的例外。

（二）担保具有补充性

补充性担保权益仅对债权的实现发挥辅助作用。例如，保证人可享有债务人所有抗辩，即便债务人自愿退让抗辩权也是如此。在通常情况下，只有先将主债务人的资产进行强制执行且该执行仍然无法清偿所有债务后，方可执行保证人的财产。因此，各国家法律都明确规定，实施担保必须建立在债务到期而债务人未能履行的基础上。

（三）担保具有相对拔立性

相对独立性是指担保相对被担保的债权而发生和存在。不仅担保的设定当事人需另外达成协议或者依照法律的规定而发生；担保的范围也需当事人另行约定，并不要和所担保的债务范围相同；由第三人提供担保的，需要债权人与第三人另行约定，而且担保还可以有自己的发生原因、成立要件和消灭原因。担保不成立、无效或者被撤销的，对于其所发生的债权债务关系也不发生影响。另外当事人还可以约定，债权债务关系不成立、无效或者被撤销、变更时担保并不必随之发生相应效果。

五、担保的分类

（一）法定担保和约定担保

这是以担保成立的原因不同来划分的。法定担保指担保的成立及其方式由法律直接规定的担保形式，主要有留置担保、法定抵押权以及优先权等形式。法定担保是为保障特定种类债权的实现而设定的担保方式，故仅适用于法律明文规定的个别场合。法律担保成立的要件、效力及实现，都必须依法进行，当事人不得改变。我国《担保法》规定的留置担保即为法定担保。

约定担保又称意定担保，是指担保的方式、内容及成立要件均由当事人自由商定的担保形式。除法定担保之外，其他的担保均为约定担保。事实上担保都具有法定性，约定担保也有明确的法律规定。我国《担保法》规定的保证、抵押、质押和定金等担保方式均为约定担保。

（二）典型担保和特殊担保

这是依据担保方式是由一般法规定还是由特别法规定为标准划分的。典型担保是指其成立和内容在法律规范上较为规则，历史悠久的担保。保证、抵押、质押、留置和定金等担保方式即为典型担保。典型担保一般都由担保法或民法这类一般法集中规定。

典型担保以外的其他担保方式就是特殊担保，如优先权、票据保证、所有权保留等。特殊担保一般都是在担保法或民法典之外的单项法律中规定。

优先权乃法律所认可之先取权益，即债权人对债务人人特定资产有于其他所有请求权之前优先得到偿还之权利。例如，我国《海商法》确立的船舶优先权、《民用航空法》规定的民用航空优先权以及《合同法》授予的建设工程承包人在施工完成后对所得价款的优先受偿权等皆为此类性质。此外，所有权保留制度则为在买卖活动中，双方约定卖方在将标的物交付予买方时仍保留所有权，以确保其价款得以全额清偿的一种保障措施。

（三）人的担保、物的担保和金钱担保

依据其担保责任的来源差异，可划分为两种类型：人的担保和物的担保。人的担保指由第三人为他人债务提供依附于自身不特定财产和信誉的担保。以信用担保为主导形式的人的担保，设定较为容易且应用领域广泛，但是存在一些潜在问题。在该制度框架下，被担保人无权直接处置担保人的特定财产，其享受的担保权益与其他债权人处于同等地位。如果担保人所有财产无法完全偿还债务，被担保人仅能与其他普通债权人按照比例分摊债权的清偿额。因此，人的担保赋予债权人的只是请逸清，由于与人的担保并没有关联特定财产，债权可能面临执行风险。然而，伴随着银行担保的兴起，人的担保的固有瑕疵得到大幅度改善，从而催生出更广阔的发展空间。

物的担保是由债务人或第三方向债权人提供特定财产或权益作为还款保证的方式。其中，包含抵押担保、质押担保、留置担保和优先权在内的具体手法都是物的担保的细分类型。广义的说，物的担保范畴甚至涵盖了所有权保留这一环节。可以说，通过物的担保制度，即使债务人无法按时偿还债务，债权人也可自由处置担保财产以便率先获得补偿。这种担保形式源于悠久历史，相比较之下，物的担保能更好地保护债权人的利益。首先，在这样的模式中，担保的债权人拥有直接指挥担保人为其提供的特定财产的权力，一旦债务人发生延期还款的情况，债权人无需借助其他力量就能直接出售该财产来保障自身的索求。其次，实行物的担保后，债权人所享有的权利具有足以超越债权影响力的物权特性，这就有效地解决了人的担保在本质上存在的限制因素，进一步确保了债权能够得到全面保证。

金钱担保指在债务以外又交付一定的金钱设定的担保。作为一种独立的担保种类，金钱担保的主要方式是定金。

第三节　知识产权法

一、知识产权的概念

知识产权亦称为智力成果权、无形资产权、智能财产权乃至智力财产权，乃指个人或团体因创新性智力活动而依法获得的一种人身权。

从深层次看，知识产权实质为一种无实体权益，其核心为人知成果或知识产品，此乃无形资产或无形精神财富。此种财物即人类通过智力劳作所产生的结晶。尽管与有形财物业如房屋、汽车等同，皆受法律保障及具价值和实用性。在现今知识经济环境下，对知识产权的维护显得越发关键和迫切。

知识产权涉及范畴广泛，既可分为广义和狭义两类。前者囊括了各类权利，包括著作权及其邻接权（相关权）、商标权、商号权（企业名称权）、商业机密权（未经披露信息权）、产地标记权（地理标志权）、专利权以及集成电路布图设计权等等。后者则集中于传统意义上的知识产权，尤其着重于著作权（含邻接权）、专利权、商标权这三大核心部分。在此章节中，我们将重点探讨狭义知识产权的内涵。

二、知识产权的特征

知识产权是一种与物权、债权并列的独立的民事权利，其具有如下特征：

（一）知识产权的专有性

"专有性"亦称"排他性"，知识产权的这一特性体现于两方面：首先是"独占性"，这意味着知识产权归属于特定权利人，后者可独享此种专属权力，且需受严格法律保护，无人得以在未经授权或法律未定情况下使用该知识成果；其次为"排他性"，即同一知识产品不可存在两个或更多具有相同性质的知识产权。

（二）知识产权的地域性

知识产权并非不受时空限制的专享有无限威力，而是受地域约束而显示为强领土性，仅限于本国境内。通常情况下，知识产权在国外难以获得保护，除非存在相关国际协议、双边条约或是相互援助约定。

（三）知识产权的时间性

知识产权乃民法范畴之权能，附有时限性。仅于特定法律期限内受保障，终期满后，此项权利自然终止，客体则转化为公共资源，于全人类共享利用。

三、知识产权的主体和客体

（一）知识产权的主体

知识产权的主体可以是自然人、法人、其他组织，也可以是国家。知识产权的主体制度具有以下特点：

1. 知识产权的原始取得

以创造者的身份资格为基础，以国家认可或授予为条件。

2. 知识产权的继受取得

往往是不完全取得或有限制取得，从而产生数个权利主体对同一知识产品分享利益的情形。

3. 知识产权法对外国人的主体资格

主要奉行"有条件的国民待遇原则",有别于一般财产法所采取的"有限制国民待遇原则"。

(二)知识产权的客体

知识产权的客体是指人们在科学、技术、文化等知识形态领域中所创造的精神产品,即知识产品。

知识产权的权利人依法就下列客体享有的专有的权利:①作品;②发明、实用新型、外观设计;③商标;④地理标志;⑤商业秘密;⑥集成电路布图设计;⑦植物新品种;⑧法律规定的其他客体。

四、知识产权法律制度

(一)知识产权法的概念

知识产权法即是对涉及产权归属、运用、治理与安全等层面所形成之繁杂社会关系给予整合法范规则的医学称呼。其虽显现出集成化及技术性的特点,却同时囊括私法规则以及公法规则。至于实体法规范与程序法规范亦在其中。然而从部门归属角度看,尽管知识产权法乃属民法,可视为民法的特殊法例。民法的基本原则、体系以及各类法律规范均广泛适用于知识产权,而知识产权法中的公法规则及程序法规范皆完全服务于确证和保护产权这个私人领域,并不起支配作用。

(二)知识产权法律制度的内容

通常情况下,知识产权法制体系涵盖以下几部分:著作权法律规范,专利权与专利证法理以及集成电路布图设计专有权法规;版权法规以及邻接权法规;商标和服务标志权利;商号及厂商名称权法规;地理标志权法规;商业机密保护权法规,以及相关的反不正当竞争法规等等。

(三)我国的知识产权法的渊源

中国知识产权立法起步较晚,但发展迅速,现已建立起符合国际先进标准的法律体系。知识产权法的渊源是指知识产权法律规范的表现形式，可分为国内立法渊源和国际条约两部分。

1. 国内立法渊源

中国现行立法体系中的重要组成部分包括：首先，知识产权领域的核心法规，如《著作权法》《专利法》与《商标法》；其次，行政法规层面，如《著作权法实施条例》、《计算机软件保护条例》以及《专利法实施细则》、《商标法实施条例》等；第三，地域上的地方性法规、自治条例和单行条例，如《深圳经济特区企业技术秘密保护条例》之类；再者，知识产权行政规章中，例如由国家工商总局发布的《关于禁止侵犯商业秘密行为的若干规定》；最后，司法解释方面，如《最高人民法院关于审理专利纠纷案件适用法律问题的若干规定》以及《最高人民法院关于诉前停止侵犯注册商标专用权行为和保全证据适用法律问题的解释》等均有所记录。

2. 国际条约

中国积极构建完备的知识产权法律体系并致力于国际交流与合作，接连签署多项重要的知识产权保护协议，包括《与贸易有关的知识产权协定》（简称《TRIPS协定》）、《保护工业产权巴黎公约》、《保护文学艺术作品伯尔尼公约》、《全球版权公约》以及《商标国际注册马德里协定》和《专利合作条约》等。尤为值得关注的是，《TRIPS协定》作为世贸组织框架下的条例，被尊崇为全球覆盖面最广、维护水平最高、保卫力量最强且具有强大约束力的国际协议之一，对我国知识产权法度的改进起着关键性的影响。

第四章　市场保障法律制度研究

第一节　反不正当竞争法

一、不正当竞争概论及主体

（一）不正当竞争概论

1. 不正当竞争概论

何谓不正当竞争？它在本质上其实是"不公平"的，这一概念在全球范围内普遍采用，且在众多权威法律文献中也有所阐述。对于我国来说，不正当竞争被赋予了各种不同的定义，但学界主流观点倾向于将其认定为人为地违背自愿、公平及诚信原则，从而侵害他人经营者与消费者合法权益的做法。

2. 不正当竞争行为的特征

（1）行为主体的"经营性"

所谓竞争，乃是指市场参与者间借助于价格、品质及服务各方面因素展开的"商战"，以争夺商业交易机会获取经济效益。因此，非法竞争的主导方自然便是那些在商业活动中非法操作的运营者。

（2）行为判断的不确定性

大多数国家在法律中对不正当竞争行为的界定使用了诸如违反"商业道德""善良风俗""诚实信用"等道德语言，这使得不正当竞争行为具有不确定性。

（3）危害后果的社会性

现代市场竞争愈演愈烈，影响力深入至社会各个层面。不正当竞争所引发的后果严重且广泛，包括标识仿冒、商业秘密侵犯、不当交易手段如贿赂等会导致市场信号失真，民众消费误判，企业商业道德遭遇侵蚀，最后形成劣币驱逐良币的恶性循环。这些行为对企业私有权益及公共利益的破坏乃至社会经济秩序的扰乱，足以证明其震慑力不容忽视。

（二）不正当竞争的主体

1. 法人主体

经营者，即自主从事商品生产或经营活动、为顾客提供各类服务之自然人、法人及非法人组织，此等业务范畴涵盖了商品及服务。在市场经济体系中，企业作为最普遍、直接参与不正当竞争行为的主体，其内部的个人亦扮演着重要角色。因此，《反不正当竞争法》具备普遍适用性，对所有涉及到市场竞争及其影响者均有约束力。

2. 营业主体

按照《反不正当竞争法》的立法宗旨，不正当竞争的主体除法人企业外，还包括在工商行政管理机关办理了营业执照的各类合法主体，即各类不能独立承担民事责任的营业单位，承担无限连带责任的合伙企业，以及承担无限连带责任的个体经营户。

3. 无照经营的违法主体

非法经营主体可区分为两类别：未登记注册之企业单位及个体工商户。如《反不正当竞争法》所述，经营者应为法人、其他经济组织或个人。因此，尽管没有办理营业执照，但只要具备《反不正当竞争法》设定的行为要素并实施不正当竞争行为，便成为该法律框架下的违规主体。

4. 相关主体

根据《反不正当竞争法》的宗旨，只要实际涉及并促使不当竞争的发生，便可视为不合规行为的主体及执行者，被法律所规范。在此法理之下，经营者的定义应扩展至任何直接或间接参与、影响市场竞争的个体。

二、不正当竞争行为

我国《反不正当竞争法》列举了包括混淆行为、商业贿赂行为、虚假宣传行为、侵犯商业秘密行为、不当有奖销售行为、商业诋毁行为以及运用网络科技进行不正当竞争行为在内的七大类型不正当竞争行为。

（一）混淆行为

1. 混淆行为的概念

混淆行为，常被称为"假冒仿冒行为"或"欺诈性交易行为"，主要是厂家或经销商为谋求市场竞争优势，将自家商品或营业场所与他人商品、场所混乱，以获取不当经济利益的行径。

2. 假冒仿冒行为的特征

（1）假冒仿冒行为的目的是借助他人的企业声誉和商业信誉，搭便车销售自己的商品或者服务。

（2）假冒仿冒行为涉及三方当事人：一是假冒仿冒人，二是被假冒仿冒人，是拥有商业标识合法权益的当事人；三是购买商品或接受服务导致误认的人，也就是消费者。

（3）假冒仿冒的对象是他人的商业标识。包括商标、商号、企业名称，特有的商品名称、包装、装潢等。这些都是企业具有极强商用价值的知识产权，是无形财产的重要组成部分。

（4）假冒仿冒的手段是模仿和冒充。

（5）假冒仿冒的后果是产生市场混淆，已经导致或足以导致消费者误认。

（6）假冒仿冒的本质是假冒仿冒人违反诚实信用原则，侵犯被仿冒人的知识产权。

3. 假冒仿冒行为的表现形式

虚假仿冒他人具有影响力商品、企业和社会组织的名号或姓名，挪用其标志进行近似构造。另也包括盗用他人较为知名的域名主体部分、网站及网页设计等不良行为，这些举动都能让人产生误解，以为是同胞之物或是与其存在特定关联。

（二）商业贿赂行为

1. 商业贿赂的概念

商业贿赂是指商家在买卖过程中，通过向敌对竞争者或者相关人员给予财物或其它方式谋求交易机会，此举侵蚀了其他竞争者的利益，损坏了市场公平竞争环境，严重影响了社会经济正常运行。

2. 商业贿赂的特征

（1）商业贿赂的行为主体是从事市场交易的经营者，即可以是卖方，也可以是买方，包括从事市场交易的组织、个人和相关人员。

（2）商业贿赂的对象是交易相对人或对交易的成交与否产生至关重要作用的人，既包括单位，也包括个人。

（3）商业贿赂的目的是谋取交易机会或者竞争优势，以排挤同行竞争对手，获取不正当竞争利益。

（4）商业贿赂的手段是采用财物或者其他手段进行收买，包括现实中存在的送旅游票，以及性贿赂等。

3. 商业贿赂的特殊表现形式

（1）商业回扣是指在市场交易中，经营者销售商品或者提供服务时在账外暗中以现金、实物或者其他方式给予对方单位或者个人一定比例的商品价款。回扣是商业贿赂的典型形式。

（2）不正当的佣金行为。佣金是指经营者在市场中给予为其提供服务的具有合法经营资格的中间人的劳务报酬。但在实践中，一些单位或个人利用佣金的形式实施商业贿赂，接受佣金人员不入账，其实质也是贿赂。

（三）虚假宣传行为

1. 虚假宣传行为的概念

虚夸宣传是指在市场竞争与非法利诱之下，从事者常以虚假且让人误解的方式推广其商品或服务。按照普遍认知，任何使多数消费者产生购销决策上的错判、造成实际损失的商业宣传都可视为虚假广告宣传行径。

虚假宣传行为是经营者对自身或广告经营者对代理商的宣传。虚假宣传行为是在市场经营过程中发生的，以广告或其他形式表现虚假宣传行为宣传的内容已经造成或可能造成人们的误解。虚假宣传行为目的是争取交易机会，损害竞争者的利益。

3. 虚假宣传行为的主要表现形式

（1）误导宣传行为

误导宣传即能引起人误解的宣传。它包括真实的引人误导的宣传和虚假的引人误导的宣传。既可以是虚假宣传，也可以是虚假表示。

（2）虚假宣传行为

虚假宣传行为是指经营者利用广告或者其他方法，对商品的质量、制作成分、性能、用途、生产者、有效期限、产地等作引人误解的虚假宣传行为。

(四) 侵犯商业秘密行为

1. 商业秘密的概念

商业秘密是指不为公众所知悉、具有商业价值并经权利人采取相应保密措施的技术信息和经营信息。

2. 商业秘密的特征

（1）非公知性

非公知性是构成商业秘密最显著的特征，它是指该种信息不为公众所普遍知悉，处于保密状态，并且一般人不易通过正当途径获得或探明。

（2）管理性

商业机密的保密性能，又称策略性或安全性，包含两大主体：主观保密性与客观保密性。主观保密性核心在于持有者是否具备保护机密的思维意愿，通过检查保密措施实施是否得当来评定；客观保密性则强调机密内容未被公众获悉或尚未公开化。

（3）经济性

商密应用能为权利方带来商业益处及实际价值，从而在行业内获得较其他对手更为优越的地位与竞争力。

3. 商业秘密的构成要件

（1）不为公众所知悉，主要是指未进入公知领域，不能从公开的渠道直接获取的信息。

（2）具有确定的可应用性，通过现在和将来的使用，能够给权利人带来现实的或潜在的经济利益，但并不要求权利人已经使用。

（3）权利人对该信息采取了保密措施。

4. 侵犯商业秘密行为的表现形式

（1）未经授权擅自获取商业机密。此举包括通过非法手段如盗窃、利诱、威胁等方式从权利人处直接获取商业情报。

（2）公开或利用未经法定许可获取的指向当事人的商业机密。

（3）违背合同协议，未按照相关闭守商业机密义务的条款，公开、利用或允许其他方公开使用其掌握的商业机密。

（4）第三方在明知或应当知道上述三种侵权行为依然实施获取、使用或公开他人商业机密的行为，被视为侵害了商业机密权益。

（五）不正当有奖销售行为

1. 有奖销售行为的概念

商业促销的常见手法之一就是有奖销售行为——即商家通过配给物质奖励来推广他们的产品和服务，诱导消费者进一步购买的策略。

2. 有奖销售的特征

（1）有奖销售的主体是经营者。当然，这里的经营者不仅仅是办理了工商营业执照的经营者，应当包括实际从事经营的自然人、法人、非法人组织。

（2）有奖销售的目的是促销。

（3）有奖销售的手段。以附带性地提供金钱、物品或者其他利益的引诱方式。

3. 禁止性的有奖销售

禁止商家实施以下三类有奖销售行为：①奖品设定模糊不清、兑奖条件复杂或奖金数额不明，阻碍了顾客进行有效兑奖环节的操作；②虚构奖项或者有意暗箱操作使得特定人员获取大额奖励；③采取抽奖形式的活动，如最高奖金额超过五万元则被视为违法。

（六）商业诋毁行为

1. 商业诋毁的概念

商业诋毁是指经营者编造、传播虚假信息或者误导性信息，损害竞争对手的商业信誉、商品声誉。

2. 商业诋毁行为的构成要件

（1）故意捏造事实是商业诋毁行为的主观要件，捏造人与散布人可能是同一人，也可能不是同一人。

（2）客观上捏造、散布虚假事实。通过无中生有地捏造全部或者部分事实，达到诋毁竞争对手的目的，表现为对真实情况的歪曲。

（4）商业诋毁行为人与被诋毁人有竞争关系。

（七）利用互联网技术实施不正当竞争行为

1. 利用互联网技术实施不正当竞争行为的概念

发挥互联网科技优势进行不正当商业竞技，是指经营者采用高科技手段，通过影响用户决定或其他手法，对其他企业合法供应的网路产品或服务正常运营造成干扰和破坏的行为。

2. 利用互联网技术实施不正当竞争行为的主要表现形式

（1）未经其他经营者同意，在其合法提供的网络产品或者服务中，插入链接、强制进行目标跳转。

（2）误导、欺骗、强迫用户修改、关闭、卸载其他经营者合法提供的网络产品或者服务。

恶意对其他经营者合法提供的网络产品或者服务实施不兼容。

其他妨碍、破坏其他经营者合法提供的网络产品或者服务正常运行。

三、对涉嫌不正当竞争行为的调查

国家倡导并全力保障所有组织与个人对不正之风实施监督；国家各级行政机构有责任遏制不当竞争行为，以营造公正有序的市场环境。国家公务人员应坚决抵制任何形式的支持或包庇。国务院设立了反不正当竞争工作协调查处机制，对关键性的政策和市场竞争秩序问题进行深入讨论与研讨。

（一）不正当竞争行为的调查主体

各级人民政府监管工商事务的机构负责处置不正当竞争行为，若行政法或地方法规另有指派，则依法执行。因此，我国负责调查不正当竞争行为的有两大体系：即地方人民政府的工商行政管理部门以及被法律、行政法规指定的其他相关部门。

（二）不正当竞争行为的监督主体

国家倡导并支持所有组织与个人对于不当竞争行为的社会监督，并提供全面的法律保护。政府机构及其官员不得纵容、庇护非法行为。各行各业须强化自我约束，引导其成员依据法规合法竞争，以维护市场正常秩序。首先，任何经济参与者都有权利监督不正当竞争活动，无论是针对商家的不当行为，或是行政监管部门的行为，都是他们监督的范畴。其次，行业协会应积极加强行业自我约束，致力于营造公平合理的市场环境和竞争氛围。

（三）不正当竞争行为调查主体的职权

在调查涉嫌不正当竞争行为时，依法授权的监督检查部门可使用以下主要手段：首先是对涉案企业或个体工商业者实施现场检查；接着，可以向相关利益方及其他相关单位、个人提问，并要求他们阐明或提供与被调查事实相关联的其他信息；同时，也有权使用查询令和调阅复印权，查阅复制与案件有关的合同、记帐凭证、单据、文件、记录以及业务往来信件等资料；在必要时，还可以采取查封、扣押等强制措施，以保护公共利益和法律权威；最后，还可行使银行查询权限，查询了解涉及不正当竞争行为的商业经营者的财务状况。

（四）调查不正当竞争行为的程序

1. 对调查主体的要求

根据《反不正当竞争法》规定，行政执法机构实施查封、扣押涉嫌不正当竞争行为相关财物以及查询经营者银行账户等措施时，应向上级监督检查部门书面报告并获批；若涉及设区市级以上企事业单位，则需向该级政府监督部门报备审批。

对于涉嫌不正当竞争，任何人都可向相应监督部门揭发，监督部门收到举报后依法进行处置。

监督检查部门在调查非法竞争行为时，必须遵循《中华人民共和国行政强制法》及其他相应法律法规，且其查处结果应及时对外公布。

监督检查部门及其人员应对调查过程中所了解到的企业隐私予以保守。

2. 对被调查主体的要求

监督检查机构在查证涉嫌不正当竞争行为时，被调查者有义务如实在规定时间内提供所有有关材料或信息，包括经营者、利益方及其他相关人员。

同时，其接收检举的电话、信箱或电邮地址应面向公众公开，同时承诺对检举者予以绝对保密。对于实名且附带相关事实证据的检举，监督检查局会将最终处理结果定期通知给举报者。

四、不正当竞争的法律责任

经营者违反本法规定，应半承担民事责任、行政责任和刑事责任，其财产不足以支付的，优先用于承担民事责任。

（一）不正当竞争行为的民事责任

1. 承担责任的要件

（1）请求人是受侵害的经营者。

（2）侵权行为已经实际发生。

（3）侵权行为与损失有因果关系。

2. 追究责任的方式

经营者若有任何不正当竞争行为，对其他经营者带来损害，应依法承担相应赔偿责任，且需从不当获利中用以赔偿。

对于受不正当竞争之害的经营者，其赔偿额度依据实际损失来定；若损失确实难算，便可合法按侵权者因不当得益而获金额来决定。赔偿额亦应包含经营者为阻止侵权行为付出的必要合理费用。

如果在实际损失与不当得益均无法确认的情况下，由人民法院基于侵权行为的情节酌情裁决给予权利人 300 万元以下补偿。

（二）不正当竞争行为的行政责任

1. 承担责任的要件

（1）属于《反不正当竞争法》调整的主体。

（2）实际实施了不正当竞争行为。

（3）法律规定了明确的处罚规定。

2. 处罚规定

《反不正当竞争法》所规定之行政责任实则通过对不当竞争行为的投诉处理及监督检查得以实现。此种责任形式主要涵盖了对不当行为之立即制止、损害减除、非法收益没收以及吊销营业执照、罚款措施等。

此外，《反不正当竞争法》及其相关条规还明确了对于企业及其员工进行行政处置的规范。如相关机构工作人员在履职过程中出现滥权，失职，徇私舞弊或泄漏商业机密等行为者，将面临相应纪律处分。若经营者在不当竞争中有主动承担责任等情状，应依律从宽或减轻惩罚；且当违法行为轻微并迅速纠正且未产生不良影响时，可不予额外处罚。

而针对受到行政处罚的企业，监督检查部门有权将其纳入信用记录，并根据相关法律法规予以公开披露。

（三）不正当竞争行为的刑事责任

1. 承担责任的要件

首要当事人应为不正当竞争行为的组织者、策划者和具体实施人，这种行为对社会产生极坏影响，破坏市场公平竞争原则并严重侵犯他人利益。其次，法律也明确规定对此类行为可作出相应的刑事处罚。

2. 处罚规定

不正当竞争行为的刑事责任在《反不正当竞争法》中只作了原则规定，违反本法规定，构成犯罪的，依法追究刑事责任。要确定具体的刑事责任，适用刑法的有关规定。

（四）违反《反不正当竞争法》的具体法律责任

1. 实施混淆行为的法律责任

经营者若进行混淆行为，监管部门将勒令其停止违法举动，没收违法产品。对于违法经营额高达五万元及以上者，除了没收商品，还需处以违法经营额五倍以下罚款；如果未达到或甚至未产生任何违法经营额，将面临二十五万元以下的罚款。情节恶劣者，可能会被吊销营业执照。

若企名存在侵权行为，必依法变更，直至原登记机构使用统一社会信用代码取代该名号。未经注册商标所有权人许可，擅自使用相似标志于同类别产品上，如情节严重，可能面临三年以下刑期及罚款；若犹甚之，则有三年到七年的刑期以及相应罚处等待着他们。

销售假冒注册商标商品，销售金额大者将可能面临三年以下刑期及罚款；而较大者，罚则更重，包括但不限于三年以上七年以下的刑期以及罚款。

采用伪造、非法制造等手法制作他人商标，并公然进行此种标志销售。情节较轻者可能被处以三年以下有期徒刑、拘役或是管制，伴有罚款；若严重者，处罚则更严厉，视为三年以上七年以下有期徒刑，同样伴随着罚款。

对侵犯他人专利行为，若情节严重，可能面临三年以下刑期及罚款。

2. 实施商业贿赂的法律责任

从业者贿赂给他人的，将由监管机构没收全部违法所得之财，处以 10 万至 300 万元不等之罚金。严重情况下，可能吊销营业执照。

涉及利用职务获取他人财产或非法收取他人财物并为之争取利益之公司、企业或其他单位之工作人员，所得巨大者，将面临 5 至 10 年监禁或拘役，且可同时处以非法所得财产的没收。

如果涉及经济往来中的公司、企业或者其他单位的工作人员，利用职务之便违反国家规定，私自接受各种形式的回扣、手续费，并且将其据为己有的，也应按照上述规定进行处罚。若涉及国有公司、企业或者其他国有单位，则有前述两种违规行为的，依照《刑法》进行定罪处罚。

对意图谋取不正当利益而向公司、企业或者其他单位的工作人员提供财物的，若以此方式获得的财物数额较大，将按法规处罚，最高处罚为 3 年以下有期徒刑或者拘役，另外还需承担罚金。若数额巨大，将处 3 年以上 10 年以下有期徒刑，并担负罚金。同样，对于企图谋取不正当商业利益的外国公职人员或者国际公共组织官员，也遵循同一标准进行惩罚。

单位犯前两款罪时，对单位施以罚金处理，并且对其直接负责的主管人员及其他责任人，参照第一款的相关规定进行罚处。对于在事发前主动供认行贿行为的行贿者，在法庭审理过程中有可能获得减轻直至免责裁决。

3. 实施虚假宣传行为的法律责任

凡从事商业活动经营者经证实存在虚假或误导消费者之商业宣传，以及采取组织虚假交易行为以协助其它经营者完成此类误导性商业宣传的，均将受到相关监督检查部分的法律制裁，具体处罚由轻至重包括以下三个层面：第一，立即勒令停止所实施的违法行为，罚款金额基于利润总额，在 20 万元人民币到 100 万元人民币之间；其次，当违法行为情节较为严重时，罚款金额将从 100 万元人民币提升至 200 万元人民币不等，同时还可能面临吊销营业执照的严厉惩罚。

对于那些涉事者发布虚假广告，将受到《广告法》的严厉制裁。违法者需接受工商行政指导，停发广告，清除影响；根据广告费用的不同倍数实施罚款，若费用难以确定或明显低于实际值，罚款金额可高达 20 万元至 100 万元；其次，广告单位在两年内如有三次以上违规，罚款增加至广告费的 5 倍以上 10 倍以下，特殊情况下，罚款最高达 100 万元至 200 万元，同时可能面临吊销营业执照及广告审批机关取消广告审核资格等后果，甚至未来一年不受理其广告审批申请。医疗机构受罚更重，情节严重时不仅要接受工商的处罚，还可能被卫生行政部门吊销诊疗科目或经营许可证。

4. 侵犯商业秘密行为的法律责任

在侵权商业机密方面，若行为人的违法行为被监管检查部门发现，将立刻受到严厉制裁，金额可高达 10 万元人民币至 50 万元人民币不等的罚单。而如果情节严重，罚款数额则可以高达 50 万元人民币至 300 万元人民币之间。对于触犯刑法的商业机密侵权者，将依法追究其刑事责任，具体量刑标准为三年以下有期徒刑或者拘役，并处或者单处罚金；若是由于侵权行为引起了特别严重的后果，则可能受到三年以上七年以下有期徒刑的严厉惩罚，同时还需要承担罚金。具体的行为包括但不限于以下几点：通过盗窃、利诱、胁迫或者其他不正当手段获取他人的商业秘密；将获取的商业秘密公开、使用或者提供给他人使用；未按规定或者违反他人对商业秘密保密性的要求，公布、使用或者提供他人使用自身所掌握的商业秘密；以及明知或应知上述行为，仍获取、使用或者公开他人的商业秘密等违法行径。

5. 进行不正当有奖销售行为的法律责任

经营者进行不正当有奖销售的，由监督检查部门责令停止违法行为，处 5 万元以上50 万元以下的罚款。

6. 实施商业诋毁行为的法律责任

如经营者有损于其竞争对手的商业声誉及商品名誉等不当行为，需由相关监管部门勒令立即停止此违规行为，并且消除所有负面影响。在此基础上，违反法律法规的商家将被处以 10 万元至 50 万元之间的罚款；若情节特别恶劣，则可能遭遇 50 万元至 300 万元的严厉处罚。

值得注意的是，除了上述民事规定外，《中华人民共和国刑法》亦对此恶性竞争现象提出了相应惩治措施。即，通过捏造并散布不实信息，以致损害他人商誉与商品名声，对他人造成重大经济损失或存在其他严重情节的，应处 2 年以下有期徒刑或者拘役，并处或者单处罚金的刑事责任。此外，对于广告主、广告经营者以及广告发布者等特定行业，如果他们违反国家有关法律，通过广告进行真实性存疑的商品或者服务宣传推广，且情节严重时，同样需要承担相应的刑事责任，最高可至 2 年以下有期徒刑或者拘役，并处或者单处罚金。

7. 利用互联网技术实施不正当竞争行为的法律责任

经营者妨碍、破坏其他经营者合法提供的网络产品或者服务正常运行的，由监督检查部门责令停止违法行为，处 10 万元以上 50 万元以下的罚款；情节严重的，处 50 万元以上 300 万元以下的罚款。

第二节　保险法

一、保险的概念和特征

（一）概念

在本法律法规中所提及的"保险"，即指投保方依法依规，有偿地向保险公司支付所需的保险费用；而作为回馈，保险公司必须承诺对合同中规定的潜在意外事件承担相应赔偿责任，或者在被保险人身故、残疾、患重疾或达到合同规定的法定年龄以及期限等特定情况下，保险公司需毫不犹豫地履行给付保险金的义务。以上所述为广义上的商业性保险活动及行为。

（二）保险的特征

1. 保险的互助性

多数投保人通过缴纳保险费，由保险人建立保险基金，对因保险事故的发生而受到损失的被保险人进行补偿。因此，互助共济是保险制度建立的基础。

2. 保险的补偿性

投保人缴纳保险费，在将来发生保险事故时，由保险人对事故损失给予补偿。

3. 保险的射幸性

投保人对缴费义务有着明确的划分与界定，然而保险公司对于是否需要进行赔偿或者给付保险金却涉及到诸多因素且充满了变数。在保险事件发生之际，保险公司责任重大，需履行起赔付保险金和提供相应保障的义务；倘若并未发生任何保险事件，那么保险公司也仅能按照约定收取保费，无需因此承担任何保险责任。

4. 保险的自愿性

除国家规定的强制保险外，任何人不得强迫他人投保。是否购买保险，完全凭投保人的自愿。

5. 保险的储蓄性

该特征限于人身保险中。人身保险的特征之一是将现实收入的一部分通过保险的方式进行储存，以备急需时或年老时使用。

二、保险法的基本原则

（一）保险利益原则

保险利益是指投保人或者被保险人对保险标的具有法律上承认的利益。该原则是保险法特有的原则。

1. 该原则目的在于防止道德风险的发生

禁止将保险作为赌博的工具以及防止故意诱发保险事故而牟利的企图。如果不要求投保人或被保险人具有保险利益，那么保险事故发生后，投保人或被保险人不但毫无损失，反而可获得赔款或保险金，这就会诱使投保人或被保险人有意促成保险事故发生或故意制造保险事故，或者消极地放任保险事故发生而不采取必要的预防、补救措施。

2. 保险利益成立的 3 个要件：合法性、经济性、确定性

（1）合法性

合法性是指该种利益必须是法律上承认的利益，即合法的利益。

（2）经济性

经济性是指该种利益必须是经济上的利益，即可以用金钱估计的利益。

（3）确定性

确定性是指该种利益必须是可以确定的利益，即财产如有损害，投保人就会遭受经济上的损失。如财产的所有人、经营人、保管人、质押权人、抵押权人可以认为对投保

财产具有保险利益。

（二）最大诚实信用原则

由于保险活动具有不确定的保险风险和赔付风险，所以要求当事人讲求诚信、恪守诺言、不欺不诈、严格履行自己的义务。该原期的具体体现为：

1. 投保人

投保人在订立合同时有如实告知义务；投保人在履行保险合同时有信守保险义务，即严守允诺，完成保险合同中约定的作为或不作为义务。

2. 保险人

保险人对保险合同的说明义务；保险人及时与全面支付保险金的义务。

（三）近因原则

近因是指造成保险标的损害的最直接、最有效的原因。在某一保险事故中，如果主要且起决定性作用的原因（即近因）在保险责任范围内，保险人就应承担保险责任。

第三节　消费者权益保护法

一、消费者权益保护法的定义和特征

一般情况下，消费者权益保护法被分为广义及狭义两个层面进行理解。从狭义的角度来看，消费者权益保护法仅仅涵盖了那些作为基本法的保护消费者权益的法规；然而在广义范畴内，消费者权益保护法则是从国家视角对各类具备保护消费者实际功能的法律规范的统称。对于本篇文章而言，除明确标注为《消费者权益保护法》的相关条款以外，其他所有提及到的消费者权益保护法则实际上都指向广义上的这一概念。现代消费者权益保护法具备下列几个基本特性：首先，该领域的保护性法规是商品经济发展达到一定阶段后的必然产物，同时也是国家通过各类法律手段参与调整经济生活的重要表现。商品经济的发展历程涵盖了不同的历史时段。在早期较为初级的商品经济时代，市场对于社会资源的配给只能发挥出微小的效能。在这种特定的社会背景下，尽管确实存在涉及消费者权益保障的法律条文，但由于消费者问题并没有得到广泛关注，因此这类保护消费者利益的法律规范大多数则是以合并进其他法律体系的方式来给予执行。然后，在现代成熟的市场经济环境下，国家已经建立起了各种涉及保护消费者利益的法律制度，这些法律制度的数量正在迅速增加，同时其性质也在发生转变，这体现了政府对于市场的直接干预，努力解决市场资源分配产生的各种负面影响。因此，现代消费者权益保护法与其相对应的传统民法在消费者权益保护规定的性质方面有着显著区别。其次，现代消费者权益保护立法则是在充分认识到消费者处于弱势地位的基础之上，对于消费者利益所做出的强化保护。相较于传统法律体系中的各项消费者保护措施来说，它们通常是基于认为买卖双方处在平等状态的理念，把经营者当成消费者及自己交易的对方，给予同等程度的保护。传统的消费者保护措施没有考虑到消费者和经营者之间的本质差异，其出发点在于寻求消费者与经营者之间的实质公平和平等对待。相反，现代消费者权益保护法则是在对消费者个体人身份加以识别之后，在充分认识到消费者在市场中的弱势地位的前提下，站在消费者的立场上，采取特别的保护措施。因此，这些保护政策通常会赋予消费者更为丰富的权利，与此同时也会对经营企业增加相应的义务，经营者和消费者之间基于权利义务的设定并不完全对称。现代消费者权益保护法的核心价值观念与传统法律有关消费者的实施方案大相径庭。最后，消费者权益保护法具有预防作用以及治疗功能的双重法律效用。消费者权益保护法对于消费者利益的维护主要是通过以下两个方面来实现的：

首先，通过制定相关法律法规，明确规定各类商品及服务所应达到的品质标准以及经营企业在其生产经营过程中的行为规范，以此来对生产经营者进行有效约束，促使其致力于生产优质、安全、卫生的产品。同时，通过科学合理的标识方式指导消费者正确使用相关商品，从而防止潜在的消费者权益受损情况。

其次，通过立法手段明确保障，在出现经营主体未能严格按照相关规定要求执行，进而造成消费者权益受到实质性侵害的情况下，能够为消费者提供迅速且充分的补偿与救助。

在以上两个方面，第一个途径展现出消费者保护法对于问题预防的重要职能；而第二个途径则凸显了消费者保护法对于受害人的补偿及救助功能。

二、消费者权益保护法的性质

消费者权益保护法具备经济法特性有以下几点原因：

首先，此法实质上以保障消费群体的权益为主导，针对消费者作为弱势群体给予特别法律保护，这既是对特定法律主体倾斜保护的体现，也是国家对于社会经济生活参与和调控的真实反映。

其次，现代社会中，消费者问题已经成为广受瞩目的社会议题。企业的不当行为往往影响到众多消费者，因此，消费者权益保护法对消费者的偏向性保护也就反映出社会本位的价值取向。

最后，消费者所需产品依靠市场供应得以满足，所以从调整范围上看，消费者权益保护法主要关注的依然是社会经济关系，这与经济法的关注焦点相吻合。

关于消费者权益保护法其实质乃是国家依据消费者处于弱者立场制定的一项社会法规。在很多方面都体现出国家机构对消费者权益特别保护的意图，这样的特殊保护并非追求表面公正，而是更倾向于寻求实质性的公平，这恰恰符合现代经济法的特质。

综上所述，消费者权益保护法具有鲜明的经济法属性，它构成了经济法的重要分支。然而，这种关联并不影响其体系内部容纳其他类型的法律条款。在民事、行政以及刑事领域中，那些明显具有维护消费者权益功能的规则，亦应被纳入这个法律分支。

三、消费者及消费者权利

（一）消费者

所谓消费者，是指为满足生活需要而购买或使用经营者提供的商品或服务的人。这一定义包括以下含义：

1. 消费者是购买、使用商品或接受服务的人

在对消费者范畴进行界定这一问题上，学界存在着截然不同的观点。其中一种观点主张性消费者只能由自然人组成，而非法人或其它社会实体；然而，也有人持相反意见，认为几乎所有情况下，无论是自然人、法人亦或是其它社会机构，均可被看作是潜在的消费者。我们在此支持第一种观点。原因在于，消费者权益法的主旨在于保障公民在日常生活性消费用品购买与使用时的消费安全以及保护其应得的经济收益，因此，只有自然人方能充当最终消费的执行者。尽管构成法人等社会组织之基本要素的自然人同样拥有消费能力，但这些法人以及其它社会机构自身并无消费者身份，然而，其成员及其雇员作为自然人仍然属于消费者范畴内，理应对他们的权益加以保护。

有人认为，有些商品既可以用于个人消费，亦可以用于生产经营，如各种餐炊具既可以为家庭使用，又可以为餐馆使用，在后一种情况，它显然是作为生产资料而使用的，如果不承认餐馆是消费者，那么，其合法的权利就得不到保护。

实际上，我们并未否定法人以及其它社会团体在其权益遭受损害之际有可能采取其他法定途径以寻求救济，然而，需要明确的是，消费者保护法则所针对的保障对象并非上述社会团体的利益，而是消费者群体的基本权益。对于消费者只局限于个人身份界定这一点，不仅意义重大，同时也具有突出的现实价值。现今的消费者保护法规是立足于深入理解和把握市场经济环境中消费者处于弱势地位的现状，为消费者提供特别权益保护的全面法律框架。倘若消费者的范畴被扩大至包含各种社会团体与机构，将之统统赋予消费者身份，那么，在这种观念的指导之下制定出的相关法律措施必定会忽视个体消费者的脆弱处境，从而让特别保护的理念失去深厚的理论支撑。

2. 消费者购买、使用的商品和接受的服务由经营者提供

消费者作为相对于生产者和经营者的另一种法律实体，指代人类的一种独特社会身份，并非特定的阶级或阶层，也非永久不变的集团。在人们为了满足生存所需而购买或依赖他人所供应的产品或服务之际，他们便扮演了消费的角色；然而，当他们出于盈利目的向他人提供某类商品或服务之时，他们又成为了市场中的经营者。广义上的消费者涵括了不仅购买商品或享受服务之人，还涵盖那些实际进行消费行为的人群。

但是，消费者所使用的商品应当是他人生产、制造的，而不是其自己生产、制造的。例如，农民食用自己生产的蔬菜，这时，该农民就不属于按法律规定应给予特殊保护的消费者。消费者所消费的商品和服务是自己或其他人通过一定的方式从经营者那里获得的。一定的方式通常是指购买，但又不仅限于购买。通过支付任何形式的代价（如劳动、提供便利等）而获得经营者的商品和服务的人，都应当属于消费者。甚至不支付任何代价而获得由经营者赠与的商品或服务的人，亦属消费者的范围。

因此，对消费者的含义我们必须与一定商品与服务的提供者——经营者的含义结合起来理解。因此，凡是为了满足自己或他人个人需求而购买，或为了自己的需求而使用商品、接受服务的人均属消费者的范围。

3. 消费者是进行生活性消费活动的人

由于消费者并不是一个固定的阶层或集团，因此，消费者的含义具有严格的时间性。这就决定了任何人只有在其进行消费活动时才是消费者。

消费行为的具体表现主要包含以下几个方面：首先，为满足日常生活需求而进行商业物品的购买活动；其次，为了维持基本生活所需对已购商品进行使用过程；最后，为了满足日常生活需求而接受来自他人的各种形式的服务供应。在消费领域中，消费者是指那些专门为了个人日常生活之需而采购或使用各类商品以及接受相关服务的人群，同时也是消费市场中的主要购买主体和服务接受方。值得我们关注的是，随着我国广大乡村地区逐步推广并实施联产承包责任制政策，农业经营从业者往往以家庭为单位组成的广大农户为主体。尽管这些农民购买的诸如种子、农药、肥料等农用物资符合生产资料范畴，但由于他们人数众多且力量较弱小，在实际参与经济活动的过程中往往会面临与普通消费者相类似的问题和困境。鉴于此种独特国情，我们特别允许农民在购买、使用直接涉及农业生产的生产资料过程中按照本法的标准执行。这项规定具有双重意义：首先，它明确了在购买、使用农业生产资料的过程中，那些农民并非真正意义上的消费者；其次，作为消费者，农作物种植户在购买和使用农业生产资料的环节享有与普通消费者同样的权益，例如，在法律框架下，消费者应享受的各种合法权益。

（二）消费者权利

1. 消费者权利的定义和特征

消费权益乃是消费者在选购、运用商品或者接受服务过程中依据国家法律所赋予的权利，从而受到相应的法律保障。然而，我们对这个概念的解读不能停留在浅显层面，仅仅认为它是民法中所提出的个人权利，因为这种民事权利实际上是由平等的当事人在合法的前提下，根据法律条文或者事先的协议来确定并获得的。相较之下，消费者保护法规中的消费者权益有着以下独具特色的特点：

（1）消费者的权利是消费者所享有的权利

也就是说，消费者的各项权益实际上是紧密地与其作为消费者的身份相联结的。这一方面主要体现在，唯有当消费者以其身份去购买和运用商品或者享受服务时，他们才有资格享有这些法定权益；而从另一个角度来看，则明确指示了所有的消费者，无论其在何时购买、使用何种商品或接受何种服务，皆应拥有此类权力，即消费者的相关权益其实又是以消费者身份的确实存在作为必要的充足条件的，一旦某人以消费者的身份出现在市场之中，那么他自然便会享有相应的合法权益。

（2）消费者的权利通常是法定权利

按照权利发生的依据不同，可以将权利分为法定权利和约定权利。前者是由法律直接规定而产生的，如选举权、诉权、劳动权等。后者则是由当事人依法约定而产生的，如合同当事人所享有的各项权利等。消费者的基本权利是法定权利，作为法定权，它依据法律的规定而产生，消费者可直接享有。

（3）消费者的权利是法律基于消费者的弱者地位而特别赋予的权利

从历史演化的角度来看，消费者保护法中规定的消费者的各项权利在传统上大多属于交易当事人自治的范围。为了充分保护消费者的利益，现代国家将这些权利法定化，充分体现了法律对消费者给予特殊保护的立场。

2. 我国消费者的基本权利

（1）消费者的安全权

消费者的安全权乃是指在进行商品购买、使用或是服务接收过程中所拥有的自身人身与财产安全不会受到任何形式的威胁或者损害的权利。具体来讲，消费者在涉及其购买、使用商品或接受服务的相关环节中，他们应当享有其人身、财产方面的不受伤害之权利。同时，作为消费者，他们还被赋予权利，可以通过向经营企业提出要求，来确保所提供的商品和服务能够符合维护人身、财产安全这一基本要求。

消费者的安全权无疑是其中极为关键且重要的那一项权益。关于此种权利，我们可以将其衍生出两个相对独立但紧密相连的方面：首先，英勇地保护消费者人身安全的权力。在此之下，又包含了两个关键要素：第一个主要因素便是消费者的生命安全权益——也就是说，消费者应当在不受任何危害的情形下生活，如果由于某种食品存在有毒物质从而导致消费者因食用该物品而不幸死亡，那么毫无疑问，这种情况便已经严重侵犯了消费者的生命权；其次，便是消费者的身体健康安全权，也就是指消费者的身体健康状况不得遭受任形式的损害，例如，倘若消费者因为食用了某个不卫生的食品而引发食物中毒，或者因为意外发生的电气设备究级爆炸而导致身体残疾，这些无疑都是对消费者健康安全权的严重侵犯。其次，保障和捍卫消费者财产安全的权利同样也是在此次议题中有待讨论的主要议题点。这里的财产不仅包括实际财物，还涵盖了虽然没有实体形态，但却具有经济价值的资产。因此，当消费者的财产出现损失时，有些情况下表现出来的可能只是其外在的受损现象，而另一些时候，则可能体现为其实际价值的无可挽回的下降。

消费者在其整个消费流程中都应当享有相应的安全权益。为了更好地实现这一目标，有三个关键要素需要我们关注并付诸于实践：首先，经营者在提供商品时，必须始终确保所提供的商品具备极高的安全性，坚决杜绝任何可能会给消费者人身安全和财产带来潜在损害的危险品的供应。其次，对于经营者向消费者所提供的服务来说，必须要有充分的安全保证，让消费者感受到无后顾之忧的感受。最后，经营者还应该许诺并提供给消费者所需的消费场所的足够安全保障措施，使所有的消费者能够在一个舒适、安全的环境当中轻松愉悦地选择购买自己心仪的商品并享受高品质的服务。换句话说，每一位消费者在他们的购物之旅、接受服务以及使用商品的全过程中，都应当获得足够的安全保障，不辜负他们在这个过程中所付出的努力和期待。

（2）消费者的知悉权

知情权乃消费者在民法框架下合法享有的权力，赋予他们了解与其进行交易的产品和消费的服务的真实性质与真相的资格。

该项权利具备两个层面的深刻含义：首先，消费者应该享有知情权以便于了解真实的事实。这不仅意味着消费者有权知悉自己正在购买或者利用的任何商品或者服务的性质，而且也意味着他们有权利去了解与这些商品和服务相关的全部真实信息。其次，消费者需要有权利对所有与其相关的信息进行深度理解。在大多数情况下，消费者有权去获取所有与之切身利益相关的商品和服务中的所有重要信息。然而，当某些信息并未直接涉及消费者的权益，甚至当这些信息处于国家法律法规的严格保护之中时，例如商品制作的具体流程、食品饮料的研制配方、经营者的商业机密等等，消费者也就失去了获得这些信息的机会。而对于商品或者服务的价格、产地、制造商、应用领域、规格、品质等级、主要组成部分、制造日期、保质期、质量检测认证证书、操作指南、售后服务，或是服务的种类、规格、费用等相关信息，消费者均可依据具体情况提出要求，让商家或者服务提供商告知这些情况。由于商品、服务的表现形式各异，因此，其中的一些信息并不需要被全面包含在内；然而，对于另外一些商品或者服务而言，他们所需公开的信息可能超出了以上列举的内容，因此，究竟哪些信息应当被公布，必须要根据具体的商品和服务状况来做出决定。总的来说，凡与消费者在进行准确的决策、选择、使用商品或服务全过程中密切相关的信息，消费者均有权要求商家或者服务提供商予以告知。

（3）消费者的选择权

所谓消费者的选择性权利，即是指消费者依照自身主观意志，自主地选择其愿意购置的商品以及愿意承受的各项服务项目。作为一名消费者，您有权利自由选择您所需要的商品或是服务类型，也有权自主地挑选尽可能符合心意的提供商，此外，对于商品的种类以及服务形式您同样拥有完全的选择权，有权自主做出是否购买某种商品或者接受某项服务的决策。当消费者进行商品或者服务的自主选择过程中，您还享有进行相互比较、分辨优劣、精挑细选等多种行为的权利与资格。

对于广大消费者群体而言，他们的自由选择权益主要涵盖了以下几大维度：首先便是消费者拥有基于自身主观意向及实际需求选拔并购买产品或享受服务的绝对权力，任何经营主体在此过程中均不得强制或诱导消费者接纳自身并不存在需求的商品或服务。其次，消费者有权利依据个人意愿自主甄选适合成为其商业合作伙伴的经营单位，采买其所生产的物品或者享用其所提供的服务，而无论是何种经营主体都不能够强令消费者接受其施加的商品或服务。再者，消费者对于商品与服务享有全面的比较、鉴定与挑选的权力，以便能够挑选出自己满意甚至更为理想的商品或服务。除此之外，消费者还有权自主独立地做出决策，他们可以在经历过系统的比较、鉴定之后，依据个人意愿来决定是否接收某些特定的商品或服务。只要消费者在挑选过程中没有对经营者的商品造成不当损害，那么经营主体就无权强行要求其接受其产品。当然，经营者在消费者选择权的问题上虽然无权代替消费者作出最终决定，但是他们依然有责任为消费者熟练运用这种选择权提供详实的各类信息以及优质的咨询建议，只是不能够代替消费者去做抉择或者利用暴力恐吓等方式强行迫使消费者按照其意志行事。

（4）消费者的公平交易权

消费者公平交易权，乃指在消费者与商家之贸易往来中所享有的获取公正之商业交易环境的权益。此项权利使得消费者在购买各类产品或是接受各类服务之时，得以要求产品具备优良品质、价格相对合理、计算方法准确无误等公正交易条件；且能对商家强行消费之行为予以否决。

从广义上讲，交易公平意味着交易双方在交易过程所获得的利益均衡分配，而在个体消费领域内，这便体现为消费者所购买的产品和享受的服务与所需支付的货币价值相匹配。商品或服务与其市场价位是否协调一致，这需要依据社会公认的合理市价标准来做出判断。

诚意果敢，是公平交易最初展露出来的基调，消费者具有如下权利：他们希望所选购的商品必须拥有公众广泛认为它们应该具有的基本功能，换句话说就是，这些商品理当具有市场适应力，诸如食物应当有食品能有的质感和味觉，药品应当具备治愈某种疾病的相关功效，而日常用品以及家用电器，都必须具备他们各自种类应有的特殊功能等等。不合乎这些要求的物品，是不能够进行销售的。其次，消费者拥有权力，他们可以主张商品或者服务的定价合理。按照其质量状况的差异，商品可以被设定为多种不同的价格区间，但商品的售价应当与其质量水平相匹配，好的商品就要匹配高价位，而相对较差的商品则对应着较低的价格，绝对禁止销售品质低劣却价钱昂贵的商品。最后，我们不得不提及的是，交易必须始终基于消费者的自愿原则进行。任何带有强制色彩的交易行为，都是对消费者意愿的侵犯。在自愿交易的环境下，如果商家提出的交易条款存在明显的不公正，消费者有权选择拒绝达成该交易，从而避免自身受到不必要的损失。然而，假如发生了强制交易的情况，消费者就会被迫承受那些不公允的交易条款，这无疑是让消费者不得不被动地接受商家的违法侵害。因此，《消费者权益保护法》把拒绝强制交易的行为视为公平交易权的一个关键组成部分。

（5）消费者的索赔权

消费权益中的求偿权益是指当消费者在购买、使用各类商品或者享受相关服务的过程当中，由于自身的生命、健康或者财产遭受到任何形式的损伤或者危害时，根据法律的权限和规定，所拥有的向加害方提出赔偿请求的合法权益。

消费者可能会遭受的人身和财产损失包括但不限于下述几种类型：首先，由于商家未能采取有力的安全防护措施或者提供符合标准的安全设备，导致消费者在购物或者享受服务过程中，身体受伤或者财产受损，例如旅店、商场等建筑倒塌事件，就可能导致消费者的伤亡；其次，由于服务商提供的服务项目存在瑕疵或者操作失误，从而给消费者带来了人力或者物力上的损失，比如在理发店剪发时被理发师误伤；再次，由于商业销售行为中的不平等待遇或者不正当手段，使得消费者在经济利益上遭受了损失，例如商家售卖的物品缺斤少两，或者价格严重背离合理价值；另外，如果消费者在购物或者享受服务的过程中，遭受到了商家的侮辱、殴打或是其他不公正待遇，他们的人身以及财产都有可能因此受到损害；最后，如果商品本身存在设计或者制造方面的缺陷，也有可能导致消费者的人身、财产遭到损失，例如电视产品剧烈爆炸引发的人员伤亡和财产损失。对于这些损害，消费者都有权通过法律程序要求对其进行赔偿。

消费者的索赔权益可经由自助性补救措施及公共权力救助两种方式予以实施。对于自我救助这一层面，当消费者意识到自身利益受到侵害之际，他们有权直接告知相关商家要求经营者提供合理补偿，或者请求消费者保护中心的协助，并借助其力量来与商家展开谈判，进而获取相应的赔偿。而从公共权力救济角度来看，主要是指消费者依法向政府的相关行政部门提出申诉，请求其指令商家对受损方予以赔偿。在必要情况下，消费者还可以选择直接起诉至法院来解决问题。

（6）消费者的结社权

消费者的结社权是指消费者为了维护自身的合法权益而依法组织社会团体的权利。

消费者往往是孤立、分散的个体社会成员，其所面对的经营者却是具有强大的经济实力、庞大的组织机构，拥有各种专业知识与经验的专业人员的企业。因此，尽管法律规定交易当事人地位平等，但由于交易双方实力的巨大悬殊，实际上很难实现真正的平等。正因为如此，消费者享有依法成立维护自身合法权益的社会组织的权利。

作为消费者群体，他们所具备的结社权，不仅意味着他们可以开展各类社会组织活动，而且在中国的宪法当中，已经明确了公民享有的结社自由权利。此外，在我国制定的专门针对消费者权益保护的法规——《消费者权益保护法》里，更是对消费者的结社权给予了明确定义，进一步证实了这项公民基本权利在特定领域中的具体表现形式。

然而更为重要的是，广大消费者们要正确认识到，他们之所以有权进行结社活动，主要目的并非追求个人利益最大化，而是想通过这种方式来维护自身的相关权益。他们希望通过组织起自己的团队或机构，对市场上众多经营者的行为展开监管，同时为广大消费者适时提供各种有益的帮助、支持以及全方位的服务，而当涉及到国家政策决策问题时，他们也会大胆地代表消费者站出来发言，积极反映我们消费者共同的心声，以此提升消费者的整体素质，并不断提供更多优质服务以回馈社会。值得注意的是，每位消费者在行使结社权时，都应该时刻谨记严格依据法律规定进行操作。因为任何权力的行使，若无法律的认可和保护，都是非法的。所以，当消费者们决定筹划建立属于自己的团队时，务必按照相关部门法定程序行事，不然的话，他们所创建的团体即视为违法组织。另外，一旦消费者会员社团得以成功组建之后，它只能在法律以及社团章程确实授权的范畴之内运作，唯有这样，这个组织才能享有完全的自由活动权，得到法律的全面保障。

（7）消费者的受教育权

对于消费者而言，他们所拥有的受教育权主要体现在其在获取关于消费以及消费者权益保护相关领域的知识过程中的基本权益。

从法律层面上讲，所谓消费者的受教育权，首先便意味着消费者理应得到机会并通过适宜的途径去学习和理解与消费行为及消费者权益保护等相关领域的知识，并且这种需求被视为是合理的，消费者有必要采用合适的方法和策略去满足这样的需求。其次，从另一角度来看，这同时也意味着政府机构和全社会都应该致力于确保消费者能够真正接收到此类教育资源，例如在敦促经营者尽可能公正、客观地公开自身提供的商品或服务相关信息的基础之上，更需要通过推动各项制度建设和制定科学有效的措施，确保消费者的受教育权能得以有效落实和贯彻。

消费者受教育权的内容主要包括两个方面：一是消费知识教育，消费知识包括与消费者正确选购、公平交易、合理使用消费品、接受服务等有关的知识，如关于选购商品的方法、应当注意的问题、商品的一般价格构成、某种商品的正常功能效用、使用某种商品应当注意的问题、在发生突发事故时应如何处置等，内容极为广泛；二是有关消费者保护方面的知识，主要指有关消费者如何保护自己的法律知识，包括消费者权利、经营者的义务、消费者在其权益受侵害时应如何维护、消费者在行使权利过程中应该注意哪些问题等。

实现消费者受教育权的方式是多种多样的，可以将有关知识编入国家教育纲要，在学校教学计划中插入适当的消费者教育内容；也可以通过电台、报刊等大众传媒向广大听众、观众、读者传播；经营者可以专门就某些新产品举办咨询答疑或培训活动，亦可以通过日常业务活动进行宣传教育。

（8）消费者，的受尊重权

消费者所享有的尊重权利，主要涉及到其在购置和运用商品时以及在享受各种服务过程中所能够享有并应当被尊重的人格尊严、民族传统习俗以及个人数据资料得到切实保障。

首先，从消费者尊重权利的角度来看，这种权利能保证消费者的人格权不受任何形式的侵害。人格，是每一位公民作为具有自主意识的独立个体都应该依法享有并受到法律庇护的权益。诸如非法攫取他人性命、损害他人健康、干扰他人正常使用姓名或者擅自修改名字、冒用或抄袭他人姓名、未经当事人允许便以营利为目的公开他人肖像、通过污蔑和中伤他人的名誉等形式来损害公民的人格，或者无理剥夺公民所获得的荣誉称号等等，这些都是对公民人格权益的严重侵权行为。而作为经营者，如果无故侵犯了消费者的人格权益，那么其行为通常会表现为言语上的恶意攻击、强制性搜查身体、非法拘禁等违法行为。另外，消费者尊重权利还包含着消费者的民族传统习俗应受尊重这一内容。在实际经营活动中，经营者应该严格遵守相关规定，特别是在商品包装、商标以及广告设计方面，不能使用那些不利于少数民族形象的文字和图片，更不可强迫少数民族消费者去接受违背他们本族宗教信仰或民族禁忌的食品或其他商品。

同样重要的是，消费者的尊重权利也包括了对消费者个人数据资料的有效保护。我们所说的个人数据资料，本质上就是与某个特定消费者个体的身份直接关联，可以准确辨认出该消费者个体身份的相关信息。其中可能涵盖了但不仅限于消费者的姓名、出生日期、身份证号码、籍贯、遗传特征、受教育程度、工作岗位、身体状况、经济财务状况等各类信息。因此，非法获取、储存、利用消费者个人信息的行为，无疑是对消费者合法权益的严重践踏。

值得注意的是，消费者的受尊重权是法律赋予消费者的一项法定权利，经营者不得以任何方式予以剥夺。一些商店企图通过店堂告示等方法使其侵犯消费者人格权的行为合法化。

（9）消费者的监督权

消费者的监督权是指消费者对于商品和服务以及消费者保护工作进行监察和督导的权利。"监督"一词具有监察、督导的含义，监察即对一些不法现违法者改正。

消费者监督权所涵盖的范畴主要分为两大类：第一种是针对商品及服务质量的细致检查。任何消费者在日常的消费过程中，观察到经营者所提供的商品或者服务未达到国家法定标准的情况下，包括销售假冒伪劣产品、索取过高价格、虚假标注、发布误导性广告、掺假造假、缺斤少两、侵犯消费者人身权利等情况，均有权力向相关职能部门报告反映，并申请对此作出相应的处理措施；其次则是针对消费者权益保护工作的全流程监控，这其中核心的部分在于监督国家机构及其工作人员在消费者权益保护工作中所展现出的违法渎职行为。在我们伟大祖国的大地上，这里面也包括了对各类消费者组织工作情况的有效监督，譬如国家公职人员掩护、放任经营者恶意侵害消费者的合法权益；国家机构及其工作人员与经营者之间的勾心斗角，使得假冒伪劣产品扰乱市场秩序；面对消费者诉求敷衍处理、无期限推诿怠慢乃至优亲厚友、徇私舞弊、腐败堕落、违反规章制度处理等等，消费者对上述违法行为无所畏惧地进行检举揭发。除此之外，消费者在消费者权益保护工作中对于存在的各种问题，同样拥有发表批判意见、给予合理化建议的权力，以便于推动消费者权益保护法律法规的落地执行，以及消费者权益保护工作的持续改进和完善。

三、经营者及其义务

（一）消费者保护法中的经营者

通常所说的经营者，乃指以盈利为目的而从事商品生产及服务提供的群体。然而，消费者权益保护法中的经营者概念，则与其有所差异。在该法中，经营者被视为与消费者对应的角色，专指通过市场向消费者提供消费物资与服务的人士。

作为商品生产与流通的推行者，经营者职责为通过生产和经营活动，从而获取商品的交换价值，服务于广大消费者。作为生产者，他们的产品并非用来满足自我需求，而是为了市场驱动的消费需求。同样地，作为销售者，他们买入的是他人的成品，也非用以满足自我需求，而是以差价牟取利润。经营者这一概念，与商品交易息息相关，无交易便无经营者。举例来说，科研机构制造仪器设备用于研究实验，农夫种植农作物、饲养动物以供自家食用，虽然都涉及生产行为，但因无需经过市场中介环节与消费者产生关联，故不能视为经营者。消费者保护法中所称的经营者，其盈利动机并非唯一的考虑因素，只要能通过市场手段（即通过商品交易方式）向消费者提供产品或服务，即使其最初设立的目的并非为了盈利，也可归类为消费者权益保护法中的经营者。如部分公共事业单位，其设立目的虽非出于盈利，却仍可被视为经营者。

（二）消费者保护法直接规定经营者义务的作用

1. 为经营者提供基本的行为标准

消费权益受损源于经营者，保障消费者权益须先束缚其行径。对经营者的约束不能仅靠自我约束，还应借助外力以达成强制效果。通过法律明确经营者职责，为其划定行事轨道。若经营者遵照此轨营运，消费者之基本权利可获受保障。

2. 防止经营者利用自己的优势进行不公平交易

相比于消费群体，经营实体在贸易竞争中具备显著的强势地位。唯有通过法律手段明确确立运营商对消费者的基础责任，方能借助法律的强制效力确保其义务的履行。在法定义务的确立乃至落实过程中，若无额外约定而又与法律规定不符，应优先遵从法律规范，以保障消费者的基本权益。

3. 使消费者普遍获得基本的保护

消费者群体多样，涵盖了贫民与富豪，老年人、青年及孩童，专业技术人员或文盲，身心健康者以及患有精神或生理疾病的人群，既有城市居民也有乡村农夫。这些个体在知识储备、社会经验、主观能动性以及财产状态方面存在显著差异。商业经营方常常受到利益驱动，不经意间对各消费群体采取区别对待，例如相同商品，身体健康且智力正常的青年可能会得到相对公正的交易待遇，但老年人、残疾人士则未必如此。因此，通过法律统一规范经营方的义务，有助于预防交易歧视，确保每位消费者均可享有基本权益。

4. 为消费者寻求救济提供方便

在法律已明确赋予经营者义务的前提下，若消费者权益受损，可依法援引其规定向经营者追责。此举避免了合同约定的随意性、残缺不全以及存在的错漏和难保存等问题，使消费者能迅速且充足地获得补救。

值得关注的是，为何《消费者权益保护法》仅详尽规定经营者的义务而未涉及经营者的权利？原因在于，经营者义务与消费者权利息息相关，唯有履行义务，才能确保消费者权益不受侵犯。另外，制定《消费者权益保护法》的目的就是重在保障消费者权益，故暂未涉及经营者权利这一部分。

（三）经营者义务的内容

中国关于经营者向消费者所承担义务的规定主要载于《消费者权益保护法》，该法典对一般经营者义务做了全方位的规范，覆盖了他们在商品交易中应尽的责任与义务。然而，实际操作过程中，特定行业可能根据自身业务特点，另有特别法规的约束，如《中华人民共和国药品管理法》对药品经营者设定了特殊的责任要求，而《中华人民共和国食品卫生法》对食品经营者也提出了有别于一般的义务原则。这些补充性或细化的责任条款有时起着对《消费者权益保护法》中所约定原则的补充与强化作用。因此，总的说来，经营者需要遵守的法定义务主要可划分为以下十二点。

1. 履行法律义务，恪守公德、诚信经营的义务

法律义务涵盖了法定及约定两方面的义务。前者由相关法律明确规定，属于法定义务，后者则因双方合意而产生，为约定义务。尽管约定义务是经双方协商，但其履行本身已符合法定义务。《消费者权益保护法》无法详尽规定经营者的全部义务，但包括其他民事责任和经营者与消费者之间的约定中，经营者仍需承担相应的义务。

需强调的是，履行法律义务的首要前提乃是经营者必须尽到法定义务。如《中华人民共和国产品质量法》、《中华人民共和国药品管理法》、《中华人民共和国食品安全法》以及《中华人民共和国反不正当竞争法》等涉及消费者权益保障的法律对此均有具体规定。无论何种情况下，商家在提供商品或服务时，必须严格按照这些法定义务执行，没有任何合理借口可容忍其对义务的背离，否则必将面临法律的处罚。因此，各类消费者

权益保障法中的规定同样也是经营者的义务，他们应严格履行，此举彰显了经营者作为法律主体的守法精神。

履行法律义务还要求经营者严格履行其与消费者约定的义务。经营者和消费者有约定的，应当按照约定履行义务，但双方的约定不得违背法律、法规的规定。合同是权利义务产生的一种形式，当合同符合法律规定的要件时，其约定便能产生相应的法律后果，形成受法律保护的权利和法律强制当事人履行的义务。作为合同当事人，任何一方都有义务履行，这种"履行合同"的义务是法律直接规定的，不管合同中有无约定，当事人都负有这种义务。然而，合同法律效力的产生是有条件的，当合同的约定违反法律规定时，就不会产生法律效力，其约定也就不能对当事人产生约束力。故对违背法律规定的合同当事人不仅没有履行的义务，反而负有不得履行的义务。

无论是法定义务还是约定义务，都是以存在明确的规定或约定为前提的，如果法律没有明确的规定，合同也没有明确的约定，经营者是否就可以不受任何约束呢？显然不是。为了使消费者利益得到更好的保护，防止经营者在法律或合同没有明确规定或约定的情况下侵害消费者利益，经营者向消费者提供商品或者服务，应当恪守社会公德，诚实经营，保障消费者的合法权益；不得设定不公平、不合理的交易条件，不得强制交易二本款是《消费者权益保护法》修订时增加的内容，法律这样规定的目的，就是使经营者不仅要受到法律和合同的约束，同时也要受社会公德和诚实经营的商业道德准则的约束，防止经营者利用法律牟取私利。

2. 接受消费者监督的义务

消费者与经营者提供的商品或者服务具有直接利害关系，同时，作为一般民众的消费者人数众多，经营者的一切活动无不处在消费者的视野之中。经营者的商品或服务是否符合消费者的要求？存在哪些问题？对此，消费者是最好的评判者。因此，消费者监督是督促经营者改善经营管理、提高产品和服务质量、实现消费者权利的最有力的保证。经营者应当听取消费者对其提供的商品或服务的意见，接受消费者的监督。

为落实消费者监督，经营者需保障消费者对其产品与服务评价自由。尊重消费者意见，不应因消费者批评而禁止言论，更不能因此进行人身攻击。经营者需通畅传递消费者需求至决策层面，避免商业决策受影响。适时设立专属机构，专员负责倾听消费者声音。如设立投诉部门，妥善处理消费者投诉，设立意见箱，收集消费者反馈；创建市场组织或消费者服务中心，主动回应用户需求。经营者必须理性看待用户反馈，经过甄别，应根据实际情况做出相应处理，对于错误读者处理方式和工作人员负面态度，必须坚决制止，对于合理的产品质量等建议，也应该虚心接受，采取改进措施提升产品及服务品质。对于涉及违反法律法规损害消费者权益的行为，消费者有权及时制止，经营者应立即停止违法行为，承担责任并全力配合相关政府部门处理。

3. 商品、服务安全保证义务

消费者权益中最为核心且不可或缺的便是人身及财产安全保障，而该项权利的落实则有赖于经营者所提供之商品和服务具备显著的安全可靠性。为此经营者必需确保其交付的物品或服务能满足保护人身、财产安全之需求。对任何可预见会对人身健康和财产造成潜在危险之产品和服务，应当向消费者提供客观真实的详细解释和明确警告，并且给予指导如何正确地运用和预防伤害的措施。位于宾馆、商场、餐馆、银行、机场、车站、港口、电影院等公共营业区域的经营者，应负担起对消费者的安全防护责任。综合以上法规，我们可得出经营者对于产品及服务的安全保证义务主要包含如下几个方面：

（1）确保商品、服务符合安全要求

此即指出，经营方所提供之产品与服务理应具备消费者实际所需的安全性。在国内环境下，商品及服务须满足国家安全标准乃至产业安全规范，对于无相应标准之情况，不应存有任何危险元素。简言之，即为在一般消费者正常使用过程中，不会对其生命或财产构成威胁之意。此外，经营方应确保其供应之商品与服务符合国家法律法规所规定的安全性需求。

（2）对危险商品和服务进行警示和说明

此举旨在针对那些因自身特性或现有科技瓶颈无法全面确保安全的产品及服务项目。对于此类商品，法规容许具有一定风险，商家须向消费者提供详实的阐述和有力的警示，并传授正确的使用途径以规避潜在威胁。

（3）公共营业场所安全保障义务

宾馆、商场、餐厅、银行、机场、车站、港口以及电影院等公共服务场所通常成为了消费者主要的消费区域。此类场所的设施存在着安全隐患，可能导致消费者生命财产受损。同时，由于人数众多且来源广泛，使得一些犯罪分子更容易趁虚而入。因此，《消费者权益保护法》就此特别规定了经营者需承担起维护消费者人身、财产安全的责任，即防止消费者因场所设施、环境及他人行为造成伤害。

（4）采取安全保障措施的义务

若商家察觉所售之产品或服务存有瑕疵，有损人身、财产安全隐患，应即刻向相关行政机关报备且告知消费者，同时采取停售、示警、召回、无害化处置、销毁等有效措施，禁止生产或服务活动。对于必须召回的商品，商家还须承担消费者为此而产生的必要花费。

4. 信息提供义务

经营者在销售商品或提供服务时，应如实、全面地向顾客公开其产品或服务的品质、功能、效用及保质期等方面的详细信息，同时避免进行误导性的广告宣传。对于客户关于产品或服务的提问，经营者应该明确回答，不得含糊其辞。此外，所有出售的商品和提供的服务都需有明确的价格标签，以保障交易的公正性与透明度。综上所述，经营者的信息告知义务主要涵盖以下几个要点：

（1）经营者不得拒绝提供有关信息

消费者了解商品、正确使用商品所需的信息依赖经营者而获得，若经营者拒绝提供信息，则消费者便失去最重要的信息来源渠道。因此，与消费者利益相关的商品、服务信息，经营者都有义务提供，不得拒绝。

（2）应当提供真实的信息

经营者必须保证其提供的信息的真实性，其通过标签、说明、包装广告以及口头方式对消费者所作的产品、服务宣传必须与商品、服务的真实情况相符，不得进行引人误解的虚假宣传。所谓引人误解，是指这种宣传可能使消费者信以为真。

（3）应当提供充分的信息

经营者提供的信息不仅应当真实，而且应当充分。信息是否充分，应根据商品、服务的类型及消费者个体差异来决定。就一般而言，充分是针对消费者对商品、服务作出正确消费决策的需要而言的，凡可能影响消费者正确判断、选择、使用，消费的信息，经营者都应提供。但充分信息并不是指一切与商品、服务有关的信息，如商品的具体配方、商品制作的具体工艺等则不属于这一范围。

（4）应当提供全面的信息

经营者提供的信息应当全面，既应包括有利于商品、服务声誉的信息，亦包括不利于其商品、服务声誉的信息，不得故意隐瞒商品或服务存在的瑕疵。

（5）信息应以适当的方式提供

经营者提供信息应当采取适当的方式。首先，信息的载体应容易为消费者所触及；其次，信息应以易为一般消费者所理解的语言、文字、图形等来表述；最后，重要信息应当以特殊的、能引起消费者特别注意的方式标示。

（6）对商品、服务应明码标价

明码标价的作用在于它便于国家价格监督，有利于防止欺骗性交易，防止交易歧视，便于消费者根据自己的支付能力作出交易选择。

5. 身份标明义务

经营者应当标明其真实名称和标记。租赁他人柜台或场地的经营者，应当标明其真实名称和标记了从这一规定可以看出，经营者在与消费者的交易中，应当表明自己的真实身份。经营者的名称和标记代表着经营者的信誉，消费者一般倾向于选择市场声誉好的经营者的商品和服务，经营者标明身份可以防止消费者误解，消费者因使用、消费某一商品而受到损害时，亦可方便地找到该商品的提供者，以获得救济身份标明义务，主要有以下要求：

（1）经营者应当标明其身份

所有依赖市场向消费者提供产品及服务的企业实体，皆应以最大程度标识自身身份。从事制造领域的商家需将自家公司名或标志标注在相应产品及其包装之上；专营销售业务的机构则须在其营业地域明确标示自家标记；而提供服务的行业如餐饮、旅游等，则应在其服务场所等显著部位注明其身份信息；对于个体工商户，也必须公开展示自己的姓名。

（2）经营者应当标明其其实身份

经营者标明的应是真实的名称或标记，不得冒充他人名义进行经营活动，亦不得采用足以引起消费者误解的近似于他人的名称或标记进行经营活动。

（3）租赁他人柜台或场地的，应当标明其真实名称和标记。

6. 出具凭证、单据义务

经营者应依照国法及行规，为消费者提供各类物品或服务的发票证单，若消费者提出索要此类凭证单据，经营者亦须无条件提供。这些凭证单据不仅是经营者与消费者间签署协议的重要依据，同时也是消费者享有"二包"等售后权益以及在维权取证时所不可或缺的凭证。经营者在此过程中，出具这类凭证单据的责任尤为关键，具体内容如下：

（1）经营者应当主动依法或依商业习惯向消费者出具凭证、单据。

（2）消费者要求购货凭证和服务单据时，经营者必须出具。在消费者主动索要购货凭证和服务单据的情况下，即便法律无强制性规定，且按一般商业习惯亦无须出具，经营者仍负有出具的义务。购货凭证和服务单据是经营者与消费者之间合同关系的书面证明。消费者作为合同之当事人，有权对合同形式提出自己的要求，若经营者拒不出具，消费者有权解除合同，取消与经营者的交易。

7. 商品、服务品质担保义务

依照法律法规，经营者需确保所销售或提供的商品及服务在正常使用状态下拥有合规的质量、性能、用途以及有效期限，但如果消费者在购买前已知商品或服务存在瑕疵，且该瑕疵不违法违规，则当属例外。同时，若经营者通过广告宣传、产品说明、实物样本展示等途径，表明自身销售的商品或提供的服务具有良好质量，那么就应该保证实际供应符合该描述。由此，我们得知经营者的品质担保义务涵盖双重含义：若并未通过以上途径进行承诺，则应确保所供应商品或服务具备常规质量；若有所承诺，则应实现所述之质。违反这些责任，将被视作违约行为，经营者须负责相应的后果，即承担品质担保责任。

8. 退货、更换、修理义务（"三包"义务）

凡经营者所供商品或服务未能达标，顾客可依法或依约要求退货，或请经营者履行换修之责。若无相关法律及约定，顾客自收货日起七天内有权退货，七日后如符合法定合同解除条件，亦可立即退货，否则则受权请求经营者实施换修等责任。退货、换修及修理期间所需的隔运费用应由经营者负责支付给顾客。

（1）退货、更换、修理义务的一般规定

经营者一般"三包"义务主要有以下情况：

①有国家规定或合同约定的情形

经营者提供的商品或服务不符合质量要求，如国家有规定或当事人之间存在约定，则按照国家相关规定或当事人约定进行退货、更换或修理。

②没有国家规定或合同约定的情形

《消费者权益保护法》对没有国家规定和当事人约定情形的商品退货、更换、修理问题作了明确的规定。据此，消费者自收到商品之日起 7 日内可以退货；7 日后符合法定解除合同条件的，也可以及时退货，不符合法定解除合同条件的，可以要求经营者履行更换、修理等义务。这里所指的符合法定解除条件，是指消费者一方依照法律规定享有单方合同解除权，因标的物质量不符合要求，致使不能实现合同目的的，买受人可以拒绝接受标的物或者解除合同。因此，如果消费者购买的不符合质量要求的商品根本不具备其应有的功能，不能实现消费者购买该商品的目的，也可以及时退货。但何谓"及时"，法律并没有明确的规定，一般而言，应当理解为在合理的时间内提出退货，何谓合理时间，则应根据案件的具体情况确定。

（2）通过网络、电视、电话、邮购方式销售商品的特别规定

近年来，随着网络和通信技术的发展，通过网络、电视、电话、邮购等非传统方式销售商品，已经成为一种时尚。这种商品销售方式在给消费者带来便利的同时，也可能使消费者的权利更容易受到侵害。为了应对这一问题，有关网购等消费者的退货问题（即消费者的反悔权）内容涉及以下几个方面：

①消费者7日内无理由退货权

经营者采用网络、电视、电话、邮购等方式销售商品，消费者有权自收到商品之日起7日内退货，且无需说明理由。从经营者义务的角度来说，该项规定表明，经营者对其通过网络等方式销售商品，应当负有接受消费者7日内无理由退货的义务。

②消费者无理由退货的例外规定

下列商品消费者不享有7日内无理由退货权：

消费者定作的商品；

鲜活易腐的商品；

在线下载或者消费者拆封的音像制品、计算机软件等数字化商品；

交付的报纸、期刊。此外，其他根据商品性质并经消费者在购买时确认不宜退货的商品，也不适用无理由退货。

值得注意的是，对于以上商品，尽管消费者没有无理由退货权，但这并不意味着消费者不能退货，如果消费者有正当的理由，仍然可以退货，如消费者收到的商品并非其欲购买的商品或虽属其购买的商品，但存在严重质量问题，不能发挥正常的功能，在符合一般商品退货条件的情况下，消费者当然可以退货。

③有关退货条件、退款期限和成本负担的规定

消费者退货的商品应当完好。经营者应当自收到退回商品之日起7日内返还消费者支付的商品价款。退回商品的运费由消费者承担，但如果经营者和消费者就费用的承担另有约定，则按照约定处理。

9. 遵守格式条款使用规则，不得规定不当的免责义务

经营者若使用格式条款开展经营活动，应以醒目方式提醒消费者注意产品及服务质、量、价或费、履待期和方法、安保养训预警、售后措施、民事责任诸方面的重要性，并

遵照消费者需求进行讲解。商家不可通过格式条款、通告、声明、店面布告等手法设立排除或缩减、减轻或消除商家义务、增加消费者负担之规定，亦不可通过形式条款和技术手段强加于人。凡含格式条款、通告、声明及店面布告等上述内容者，效力皆为无效。此项规定包含如下多重意蕴：

（1）使用格式条款应当以显著方式提醒相关内容

格式条款是经营者单方提出的作为双方交易合同或合同一部分，并在经营活动中反复使用的事先拟定的合同条款。由于格式条款没有经过双方当事人协商，因而，不得与合同双方当事人意思的本质相矛盾。因此，法律要求经营者对其中的某些与消费者有重大利害关系的内容需提醒对方注意，通过提醒消费者注意，使其准确了解这些内容，并在充分了解的基础上作出是否签订合同的决定。

这样，至少在合同的关键条款方面取得了双方意思表示的一致，弥补了格式条款单方意思决定的缺陷，为其最终成为约束双方当事人的法律行为克服了障碍。如消费者在充分了解格式条款内容的情况下，认为该格式条款对其不利，可以要求对其不满意的条款进行协商。经协商，达成一致的，协商后达成的条款就替代格式条款成为合同的内容；不能达成协议的，消费者叮以选择放弃交易。

（2）经营者提出的格式条款应当公平、合理

不公平合理的格式条款有以下两种最典型的形式，《消费者权益保护法》明确作出了禁止性规定。

①排除、限制消费者权利的格式条款

所谓排除消费者权利，是指以格式条款等方式表明消费者不具有某项权利或不得行使某项权利，如以店堂告示的方式，声明消费者不得挑选商品就是对消费者选择权的排除，某些经营者在格式合同中嵌入条款，对国家实行了"三包"的商品规定不实行"三包"就侵犯了消费者依国家规定享有的退货、更换、修理权。所谓限制消费者权利，就是对消费者权利或权利行使附加不合理的条件和要求。如我们经常看到的一些经营者以店堂告示的方式声明，本店购买的商品"如假包换"，如仔细推敲，实际上限制了消费者的权利。因为按照消费者保护法的规定，如果消费者购买到的商品是假货，他就不仅仅只享有要求更换商品的权利，他可以依法要求经营者给予三倍于商品价格的赔偿，这种看似公道的店堂告示，实际上是对消费者权利的严重限制。

②减轻、免除经营者赘任，加重消费者责任的格式条款

此处所指的免除是指，通过格式条款免除经营者依照法律或商业习惯而应当承担的

责任。从严格意义上说，不当免责条款也是不公平、不合理合同条款的一种。免责条款的限制主要有以下几个规则：其一，法定之侵权责任不得事先免除。在消费者保护法中，有关产品侵权责任，经营者对消费者进行侮辱、殴打等侵害消费者人格权的责任等皆属侵权责任，依法不得免除。其二，法律规定之强制性义务不得事先免除，如经营者对消费者的法定"三包"义务便属法定强制性义务，不得以免责条款免除。其三，故意或重大过失所生之责任原则上不得事先免除，此处所指的故意或重大过失，包括侵权责任和合同责任中的故意或重大过失。

（3）不公平、不合理的格式条款等无效

在格式条款、通知、声明以及店堂告示中，如有排除、限制消费者权益，或者减轻、豁免经营者责任，或者加重消费者责任之规定，该等规定视为无效。值得注意的是，这种无效只是针对其限制消费者权利、减轻、豁免经营者责任或加重消费者责任的部分，并不影响其他未被枉顾的条款效力。

10. 尊重消费者人格义务

经营者不得对消费者进行侮辱、诽谤，不得搜查消费者的身体及其携带的物品，不得侵犯消费者的人身自由。

侵犯消费者人格权益乃是严重侵权之举，故而此类责任不得通过普通合约条款得以豁免。部分商家公然宣称拥有在其经营场所对顾客携带物品进行搜查之权限，此等作为实属违法且侵犯消费者人格尊严，相关机构应对此严惩不贷。然而也有少数消费者在购物过程中借机行窃，对此类情况商家应有有效管理和处置方案。任何公民皆有义务抓捕犯罪嫌疑人或者报告案情，经营者理当如此为之。但是必须避免无端怀疑消费群体，更不可擅自行使搜身、盘查、殴打或非法拘役的权力。

11. 特定经营者的基本信息提供义务

通过互联网、电视媒体、电话服务及邮寄销售等渠道进行商业活动的企业以及转让金融产品和提供如证券、保险、银行等金融服务的企业，均需向消费者公布其经营所在地、沟通联络方法、商品或服务的数量质量，收费情况以及履行期限安排、安全提示和风险预警、售后服务范围以及法律责任等重要信息。这项具体规定对消费者详尽了解自身交易权益大有裨益，同时也便于在纠纷产生之时，采取快捷有效的解决之道。

根据上述法规，承担信息披露责任的企业主要分两类：网络、电视、电话及邮购销售商以及提供金融服务的机构。他们须向消费者充分公布两种类型的信息：第一，涉及经营者身份的基本资料，例如公司地址、联系方式等；第二，关于商家与特定消费者间交易的基础情况，如商品或服务的品质、价格、交货方案、安全提示、售后支持以及免责声明等。但是，法规对于如何进行信息披露未作具体规定。鉴于与经营者身份相关的信息是所有与该经营者有交易关系的消费者都需要的信息，因此，对于这些信息，经营者可以适当方式（如通过网站）公开，同时，在特定消费者要求其提供时，也有义务专门提供。对于其与特定消费者的交易的相关的信息，则可根据情况主动定期向特定消费者提供，在消费者提出要求时，也应负有专门向其提供的义务。

12. 合法收集、利用消费者个人信息的义务

为防止个人信息的不法搜集、利用，保护消费者的合法权益，对经营者收集、利用消费者个人信息问题作出了专门规定。其主要内容如下：

（1）对经营者收集、使用消费者个人信息的一般要求

经营者在收集及使用消费者个人数据时，须遵循合法、恰当且必要的原则，明确告知收集、使用相关信息的目的、方法以及范围，并取得消费者的知晓许可；同时，对于收集的个人信息，必须公开其具体的收集和使用规则，不能违规突破法定和约定的限制。此项规定对经营者在获取和处理消费者个人信息方面提出了以下四项具体要求：首先，需遵守法规范则，保证获得消费者授权进行的信息收集和使用是正当的；其次，要明确宣告目的、方式和范围，并征得消费者的明示同意；再次，必须公开收集和使用个人信息的详细规定，使消费者能够了解经营者在这个过程中所遵循的标准和流程；最后，经营者在收集、使用消费者个人信息时，不得超越法律法规的限定范围，也不得违背与消费者之间已达成的协议内容。

（2）经营者对消费者个人信息的保密义务

这主要有三层含义：第一，经营者及其工作人员的保密义务。即经，营者及其工作人员对收集的消费个人信息必须严格保密，不得泄露，更不得出售该信息或违反法律规定向他人提供信息。第二，应采取保密措施。即经营者在收集了消费者个人信息后，不仅不得泄露这些信息，而且要采取必要的技术措施和其他措施，确保信息安全，防止信息泄露或丢失。第三，泄密补救措施。即在经营者收集的消费者个人信息发生或可能发生泄露或丢失时，应采取补救措施。

（3）不得利用个人信息发送商业信息义务

实践中，与消费者曾经发生交易的经营者往往保留该消费者信息，并利用这些信息

中消费者的联系方式，将有关商品、服务的信息或资料发给消者，或向消费者推荐其商品和服务，以此希望能够获得消费者的再次惠顾。

然而，这些行为可能对消费者产生严重的滋扰，为杜绝这种做法，《消费者权益保护法》明确规定，经营者未经消费者同意或者请求，或者消费者明确表示拒绝的，不得向其发送商业性信息。

以上是《消费者权益保护法》规定的经营者对消费者一般义务，它对各类经营者都有约束力。但除此以外，从事某类特殊商品或服务经营的经营者还叫能负有某些特殊的义务，这些义务也是经营者义务的重要组成部分。

第五章　金融法律制度研究

第一节　银行法

一、中央银行法

（一）中央银行法概述

1. 中央银行

所谓中央银行，是指在一国金融体制中居于核心地位、依法制定和执行国家货币金融政策、实施金融调控与监管的特殊金融机关。

2. 中央银行法

中央银行法是关于中央银行的性质、职能、组织体系、业务范围等方面的法律规范的总称。中央银行法是金融管理法、金融调控法与金融服务法的统一体，融合了公法与私法的特点，在整个法律体系中属于经济法的二级子部门法。

（二）中国人民银行的性质和法律地位

1. 中国人民银行的性质

中国人民银行是中华人民共和国的中央银行。中国人民银行在国务院领导下，制定和执行货币政策，防范和化解金融风险，维护金融稳定。即中国人民银行兼具银行与国家机构的双重属性，对这一性质，我们应从以下两个角度加以理解：

（1）中国人民银行是特殊的国家机关

作为国家机关，中国人民银行与其他国家机关相比较，带有银行的性质，执行着金融机构的业务。其主要表现在：（1）中国人民银行履行金融监管和金融调控职能，主要是通过其金融服务职能来实现的，即中国人民银行主要依赖货币政策等间接手段来实现其管理与调控职能，这与主要依靠行政命令直接管理国家事务的一般政府机关有着显著区别。（2）中国人民银行具备普通银行的基本属性，实行资产负债，有资本，也有收益，并且同样办理金融业务，如存款、贷款、再贴现、票据清算等，这与完全靠国家财政拨付经费的政府机关有显著不同。（3）中国人民银行与其他政府机关相比，具有相对独立、超然的法律地位。其在货币政策制定、实施和人事任免上，都有比较特殊的规定，不像一般政府机关那样直接隶属于政府，对政府负责。

（2）中国人民银行又是特殊的金融机构

和普通银行相比，中国人民银行又更多地体现出国家机关的性质，表现在：

①特殊的经营目的

中国人民银行的货币信用活动并非以盈利为导向，旨在运用此手段调节货币资本流动以达成特定的宏观经济效益。反观一般金融机构则以营利为追求，开展各类经济业务。

②特殊的业务对象

中国人民银行以金融机构和政府为业务对象，而一般金融机构则以众多的企业和个人为业务对象。

③拥有法定特权

中国人民银行作为一个国家机关，享有法律赋予的、一般金融机构不具备的种种特权，如垄断货币发行、代理国家进行国际金融交流、集中管理存款准备金等权力。

④特殊的领导成员组成

中国人民银行的领导成员均是由国家政府任命和推荐，而且有一定的任期。如中国人民银行行长由国务院总理提名，由全国人民代表大会决定。而一般金融机构的领导成员，则是由创立者担任或按股权多少通过股东大会选举产生。

2. 中国人民银行的法律地位

中国人民银行的法律地位，是指人民银行在国家机构体系中的地位。一国中央银行的法律地位如何，直接决定着其权限大小及其在国民经济调节体系中的地位。中国人民银行的性质及我国现行的政治体制结构，决定了人民银行的法律地位，它是中华人民共和国的中央银行，是在国务院领导下的一个主管金融工作的部级政府机关，是依法享有相对独立性的国家宏观调控部门。

（三）中国人民银行的职能与职责

1. 中国人民银行的职能

中国人民银行的职能，实质上就是其性质的直接反映。其职能具体表现在以下几个方面：

（1）金融调控职能

中国人民银行主要通过货币供应量的调整来影响社会的总供给和总需求，其调控的手段则表现为各种货币政策工具，如法定存款准备金、再贴现、公开市场业务等。

（2）金融监管职能

随着银监会的成立，中国人民银行的大量监管职能划归银监会，但中国人民银行仍然保留了一部分与执行货币政策相关的金融监管职能。经国务院批准，它有权对银行业金融机构进行检查监督，其监管职能突出表现在对货币政策执行监管以及同业拆借中的监管。

（3）金融服务职能

中国人民银行可以以银行身份提供金融业务，如经理国库、代理国债发行和兑付等，即发行的银行、银行的银行、政府的银行都是其服务职能的体现。

因此，中央银行具有金融调控、金融监管和金融服务三大职能，其中，服务职能是中心，贯穿于管理与调控职能的过程。

2. 中国人民银行的职责

职责实际上是职能的具体表现，中国人民银行具有以下职责：

发布与履行其职责有关的命令和规章；

依法制定和执行货币政策；

发行人民币，管理人民币流通；

监督管理银行间同业拆借市场和银行间债券市场；

实施外汇管理，监督管理银行间外汇市场；

监督管理黄金市场；

持有、管理、经营国家外汇储备、黄金储备；

经理国库；

维护支付、清算系统的正常运行；

指导、部署金融业反洗钱工作，负责反洗钱的资金监测；

负责金融业的统计、调查、分析和预测；

作为国家的中央银行，从事有关的国际金融活动；

国务院规定的其他职责。

（四）中国人民银行的组织机构

组织机构是实现人民银行职能、职责的根本保障。《中国人民银行法》就人民银行的领导机构、外部分支机构和咨询机构的设置作了原则规定。

1. 领导机构

人民银行的领导机构是人民银行的决策机构和执行机构，包括行长一人，副行长若干人。行长根据国务院总理提名，由全国人大决定；人大闭会期间，由全国人大常委会决定，由国家主席任免。副行长由国务院总理任免。人民银行实行行长负责制，行长领导人民银行工作，副行长协助行长工作。

2. 分支机构

中国人民银行根据履行职责的需要设立分支机构，作为中国人民银行的派出机构。人民银行对分支机构实行统一领导和管理。分支机构根据总行的授权，维护本辖区的金融稳定，承办有关业务。

分支机构是中国人民银行总行的派出机构，不具有法人资格，不享有独立的权力。但中国人民银行的分支机构可以作为民事诉讼的当事人，由分支机构的行长进行诉讼。

3. 咨询议事机构

根据国函批准，自1997年起，中国人民银行指定货币政策委员会为货币政策制定咨询议事机构。其职责是在国家宏观调控及货币政策方案制定与修正过程中提供重要的专家建议。

货币政策委员会的主要职责是在综合分析宏观经济形势的基础上，根据国家的宏观经济调控目标，对下列货币政策事项进行讨论并提出建议：（1）货币政策的制定、调整；（2）一定时期内的货币政策控制目标；（3）货币政策工具的运用；（4）有关货币政策的重要措施；（5）货币政策与其他宏观经济政策的协调。

（五）人民币的管理

1. 人民币的法律地位

（1）人民币是法定货币

凡在中国境内的一切公私债务，均以人民币进行支付，任何债权人在任何时候均不得以任何理由拒绝接收。

（2）人民币发行权属于国家

国家授权中国人民银行统一发行，任何单位和个人无权发行货币或发行变相货币。

（3）人民币是我国唯一的法定货币

国家禁止发行除人民币以外的其他货币或变相货币，禁止金银计价流通和私自买卖。

（4）人民币是信用货币

国家发行人民币是通过国家信贷程序发行的，同时，人民币的发行是以国家信用和相应的商品物资作保证的。

2. 人民币的使用和保护

严禁制造、变更伪钞；售卖和购买伪钞行为被法律严格禁止；同时，持有、运输及使用该类货币也是违法举动；人民币的故意损毁也在法律监管范围之内；任何形式的非法使用人民币图案在广告宣传、出版物甚至其他商品中都是不被允许的。对于残缺和污损的人民币应按央行相关规定进行兑换，并且由央行负责回收与销毁工作。

（六）中国人民银行的货币政策

货币政策是中央银行采用各种工具调节货币供求，以实现宏观经济调控目标的方针和策略的总称，是国家宏观经济政策的重要组成部分，它包括货币政策目标和货币政策工具。

1. 中国人民银行的货币政策目标

货币政策目标实质上是央行实行货币政策时期望为宏观经济带来的明确效果。作为实施货币政策的关键依据，央行需清晰表明其货币政策目标并在央行法律文件中有具体说明。

货币政策目标是保持货币币值的稳定，并以此促进经济增长，即我国实行的是有层次和有主次之分的单一货币政策目标。其中，稳定币值与经济增长之间存在着关联性和依存性，稳定币值是前提，反过来，经济增长的实现又有助于稳定币值，并为稳定币值创造更良好的环境。

2. 货币政策工具

货币政策工具，是中央银行为实现其政策目标而采取的手段。我国中央银行可以运用的货币政策工具有以下 6 种：

（1）存款准备金政策

存款准备金政策，即央行凭借法律授权，强制商业银行及其他金融机构根据规定比例提取部分资金缴存在央行，进而调控整个社会货币供应量的制度。这部分提取的款项便是存款准备金，而其在存款总额中的比重则称作存款准备率。

存款准备金包括两大构成要素：首先，法定准备金，乃立法明确、必须向央行缴纳的存款储备。其运作机制在于中国人民银行通过调节商业银行上缴存款准备金的比率，提升或降低商业银行的贷款能力，从而实现既定的货币政策目标；其次，超额准备金，即银行为应对突发提款需求而设立的，除法定准备金外的储备。其实质就是商业银行在央行所持有的一种资产。

（2）再贴现政策

贴现是指以未到期票据为抵押，向金融机构融取资金的行为；票据转让过程中，银行先扣减相应利息且以票面余额支付给持票人。此举实现了持票人以较低价获取资金、银行及其他金融机构取得票据所有权的双重目的。再贴现，也称为重贴现，指金融机构以已购入的未到期贴现票据向央行再次贴现的操作。再贴现政策指央行为影响金融机构融资成本，进而调整市场利率、货币市场供需以及货币供应量而采取的手段。

然而，再贴现政策存在一些局限性。首先，再贴现率不能无限攀升或下滑，因此无论处于何种经济环境下，央行也难以借助此工具有效控制货币供应量。其次，央行在此政策中呈被动角色，商业银行是否愿意进行再贴现、申请贴现金额多少均由其决定。

（3）公开市场业务

公开市场业务，是指中央银行在金融市场上买卖有价证券和外汇的活动，其最主要的优点在于借助市场之手来达到宏观调控的目的。央行买进、卖出有价证券或外汇意味着进行基础货币的吞吐，可以达到增加或减少货币供应量的目的，它被认为是"三大法宝"中最重要的工具。

公开市场业务的优点在于：第一，具有主动性和灵活性。公开市场操作实施与否、实施规模等，都由央行根据情况来自行决定和变化。第二，具有弹性和柔和性。因为公开市场业务可采用渐进的方式，逐步将货币政策的意图贯彻下去，还可根据反应随时调整方向、力度。

（4）基准利率政策

所谓基准利率是指中央银行对金融机构的法定存、贷款利率。该利率的变动对其他利率具有引导作用，是整个利率体系的核心，同时也是国家利用利率杠杆影响商业银行等金融机构信贷规模的有效工具，基准利率水平的确定与变动，对整个利率体系中的各项利率具有引导作用，处于利率体系的核心地位，是中央银行利率政策最主要的部分。

中央银行的基准利率体现的是商业银行向中央银行融资的成本。当中央银行提高对商业银行的贷款利率时，各商业银行筹措资金的成本增大，从而在客观上迫使商业银行到市场上去寻求资金，此时的资金市场必然会因需求增加而提高利率；反之，降低法定基准利率，则有助于贷款规模的扩大。中央银行正是通过对法定基准利率的调整，来实现对市场货币量的间接控制。

（5）再贷款政策

再贷款即央行向商行进行贷款，该业务乃是央行重要的资产运营之一，明确展示出其"最终贷款者"的角色价值。

再贷款在银行贷款领域起着至关重要的角色，其资金投放及总量不仅可直接导向并调整银行系统的贷款规模与格局，更能依据货币政策实施需求，决定对商业银行贷款的总额度、期限、利率以及实施方式，然而，贷款期限最长不超过一年。

（6）其他货币政策工具

如贷款限额、信贷收支计划、现金收支计划、特别存款、窗口指导等。

（七）中国人民银行的其他业务

中国人民银行严格遵守宪法赋予的职责，行使国家金库之职权，并受权代表国务院财政部发行、承销国债与政府债券。此外，还按情况需要，为银行业金融机构设立帐户，但明确规定禁止以帐户进行透支醒蹉行为。同时，中国人民银行负责构建并维护银行业间清算体系，妥善处理相关清算事宜，还提供各类清算是为了更好地服务社会。更重要的是，中国人民银行奉行《支付结算条例》，同国务院银行业监督管理机构合作，共同实现有效的支付结算监管。法定义务上，中国人民银行坚决杜绝政府财政透支现象的发生，严禁直接买进、承销国债和其他政府债券，除非得到国务院特批授权；同时，中国人民银行也不准向各级地方政府、政府各部门直接提供贷款，也不可向下述单位提供贷款。负责人权，中国人民银行不支持任何形式的担保行为。

（八）中国人民银行的金融监管

金融监管，即由特定国家或地区的中央银行或其它金融监管机构受权，对金融行业及市场进行全面监管，以规避风险、确保金融系统稳定，并维护利益相关者权益，推动金融平稳健康运行。其主要对象为金融组织和金融市场。

2003 年 4 月 28 日，为强化金融宏观调控能力、保障金融稳定和提升银行业监管水平，中国成立了银行业监督管理委员会（CBRC），将中国人民银行的部分监管职责交由该机构履行。

人民银行不再直接监管金融机构，而是从服务市场主体、监控整个金融市场出发，实行宏观调控。也就是说，人民银行的职能局限于对金融市场的宏观调控，其监管职能也是为保证其调控职能的实现而实施的必要监管。

二、商业银行法

（一）商业银行法概述

1. 商业银行的概念与性质

商业银行是指以金融资产和负债为经营对象，以利润最大化或股东收益最大化为主要目标，提供多样化服务的综合信用中介机构，是金融企业的一种。我国的商业银行，是指依照《商业银行法》和《公司法》设立的吸收公众存款、发放贷款、办理结算等业务的企业法人，从此定义来看，商业银行具有以下性质：

（1）商业银行是企业法人

商业银行和一般的工商企业一样，是以利润最大化为目的，依法自主经营、自负盈亏、自我约束的现代企业，它有别于不以营利为目的的国家机关和事业单位。商业银行作为企业法人，具备以下特征：

①须依法设立

商业银行的设立，须遵守《商业银行法》和《公司法》。

②须有必要的财产

商业银行设立的最低注册资本金为 10 亿元，城市商业银行为 1 亿元，农村商业银行的注册资本为 5000 万，且均为实缴资本。

③承担有限责任

出资人以其出资额为限承担有限责任，商业银行以其全部法人财产承担有限责任。

（2）商业银行是金融企业

商业银行经营的对象是特殊商品（货币和货币资本），是以各种金融资产和金融负债为经营对象。它的成立不仅要符合一般现代企业的行为规范——《公司法》，而且还要符合特殊的行为规范《商业银行法》。因而，商业银行有别于一般的工商企业：

①设立的法律依据和条件不同

商业银行的设立，不仅要符合《公司法》、《商业银行法》的规定，而且需要经国务院银行业监督管理机构审查批准。

②经营商品不同

商业银行所经营的是特殊商品，即充当一般等价物的货币。

③经营方式不同

一般公司的经营方式，都是将商品的所有权和使用权通过交易同时转让出去，而商业银行经营货币时只转让货币的使用权，保留货币的所有权。

④经营商品的权益来源不同

一般公司企业的收益主要来源于经营商品的价值增值，而商业银行的收益主要来源于经营货币所获取的利息。

（3）商业银行是特殊的金融企业

现代金融企业包括多种形式，如专业银行、投资银行、储蓄银行、保险公司、财务公司、证券公司、融资租赁公司等，商业银行与这些金融企业相比较，其业务更为综合，其实力更为雄厚。

（4）商业银行有别于政策性银行

商业银行遵从效益、安全和流动三大经营原则，有别于同样属于金融机构范畴的政策性银行。后者不参与商业信贷业务，立足于贯彻落实政府的社会经济政策，坚守不盈利性的经营原则，致力于实现全社会效益最大化。途径是为国家重点建设项目和国家产业政策优先支持的产业提供资金支持，服务于国家的政策性发展战略。

2. 商业银行法的概念和性质

商业银行法，是指调整商业银行的组织及其业务经营的法律规范的总称。

商业银行法有广义和狭义之分。广义的商业银行法是指一切关于商业银行的组织及其业务经营的法律、法规，行政规章的总称。除《商业银行法》外，它还包括其他法律、法规、规章中涉及商业银行的组织及其业务经营的规定，如《中国人民银行法》《外汇管理条例》《信贷资金管理暂行办法》等。我国商业银行法在性质上属于企业法，因为它所规范的对象是特殊的金融企业，即以营利为目的，从事货币金融业的金融企业。其特点在于：

（1）商业银行法是商事法中的特别法

民法、公司法都是普通法，规范普通之商事行为，而商业银行法是为规范特殊企业的特殊商事行为，应属特别法，因而优于公司法和民法。

（2）商业银行法是强行法

由于商业银行对社会大众的利益影响极大，其法律内容多为义务性规范和禁止性规范。

（二）商业银行设立、变更、接管和终止的法律规定

1. 商业银行的设立

商业银行的设立，是指商业银行创办人依照法律规定的条件和程序，取得商业银行合法资格的行为。

（1）商业银行的设立原则

我国商业银行的成立遵循行政许可主义原则，须受国务院银行业监管机构审批通过方可成立。未经该机构许可，任何组织或个人无权开展吸收公众存款及其他商业银行业务。此外，未经授权，任何公司均无法在其名称中使用"银行"字样。

（2）商业银行的设立条件

在我国，设立商业银行必须具备以下条件：

①有符合《商业银行法》和《中华人民共和国公司法》规定的章程

商业银行的章程，是商业银行按照法定程序制定的，规范商业银行行为的书面文件，主要内容包括商业银行的宗旨、名称、资金数额、经营范围、内部管理制度以及利润分配等。有限责任制公司和股份有限制的商业银行章程，必须符合《公司法》关于有限责任公司和股份有限公司章程的规定。

②须有符合《商业银行法》规定的注册资本最低限额

设立商业银行的注册资本最低限额为 10 亿元人民币。城市合作商业银行的注册资本最低限额为 1 亿元人民币，农村合作商业银行的注册资本最低限额为 5000 万元人民币。注册资本应当是实缴资本。

③有具备任职专业知识和业务工作经验的董事、高级管理人员

2000 年 12 月 31 日，中国人民银行颁布了《金融机构高级管理人员任职资格管理办法》，明确界定了商业银行高层管理者的任职资格标准。此规定不仅要求参选者具备积极的条件，更进一步参照《商业银行法》设立了消极限制。凡存在下列情形之一者，均不可担任何商业银行董事会成员或高级管理职务：1. 曾因贪污、贿赂、侵占财产、挪用财产等法律罪行而遭受刑罚审判，或因其犯下严重社会经济秩序罪而被处以剥夺政治权利的惩罚；2. 供职于因经营状况恶劣最终导致破产清算的公司或企业，且在其倾覆过程中负有个人责任；3. 担任因违规行为而被吊销营业执照的公司、企业的法定负责人，并且在此过程中有过个人失误；4. 个人所背负且金额较大的债务未能按期偿还。相较于《公司法》的相关规

④有健全的组织机构和管理制度。

⑤有符合要求的营业场所、安全防范措施和与业务有关的其他设施。

⑥设立商业银行，还应当符合其他审慎性条件。

（3）商业银行的设立程序

商业银行的设立，除了需要符合上述实质性条件之外，还必须履行法定的程序。按照《商业银行法》的规定，向国务院银监会提交相关申请材料，经审查批准设立的商业银行，由国务院银行业监督管理机构颁发经营许可证，并凭该许可证向工商行政管理部门办理登记，领取营业执照。

（4）商业银行分支机构的设立

商业银行分支机构是指该行总部分部以外依法设立于境内外各地方的营业网点或办事机构。依据其业务经营需求，商业银行可在中国境内及境外开设分支行。然而，分支机构的设立需经国家银监会审核批准。至于中国大陆境内的分支机构，则无须依照行政区域进行划分。商业银行分支机构具有以下特点：

①它是以总行的存在为前提的，其营运资金由总行拨付

按照《商业银行法》的规定，商业银行在中华人民共和国境内设立分支机构，应当按照规定拨付与其经营规模相适应的营运资金额。拨付各分支机构营运资金额的总和，

不得超过总行资金总额的 60%。

②它是依法在中国境内外成立的金融机构

根据《商业银行法》，商业银行分支机构在获得国务院银行业监管机构颁发的经营许可证之后，需凭此许可证至工商行政管理部门进行注册和领照。此外，在完成此类手续后也应接受国务院银行业监管机构的公开告知。如商业银行或其分支机构于获准成立后六个月内仍未能正常启动业务，亦或是开业运营后因故长期停滞达六个月之久，均将面临国务院银行业监管机构吊销经营许可证并公开宣布的后果。

③商业银行的分支机构是一种不具备法人资格的机构

其主要原因是它没有自己独立的财产，不能单独承担民事责任。商业银行对其分支机构实行全行统一核算、统一调度资金、分级管理的财务制度。商业银行分支机构不具有法人资格，在总行授权范围内依法开展业务，其民事责任由总行承担。

2. 商业银行的变更

商业银行的变更，是指商业银行组织的变更和重大事项的改变，主要包括以下内容：

（1）重大事项变更

依照《商业银行法》之要求，商业银行在以下事宜发生变更时，必须获得国务院银行业监督管理机构的审批：（1）更改名称；（2）调整注册资本；（3）改变总行或分行地址；（4）变动业务领域；（5）在持有的资本或股权规模超过 5%的股东之间作出改变；（6）修正章程；（7）以及国务院银行业监督管理机构所规定的其他变更事项。在选举或撤换董事及高级管理人员之际，应提交国务院银行业监督管理机构对其职务资格进行审核与批准。

（2）组织变更

本法规规范了商业银行的拆分与整合行为。依照《中华人民共和国公司法》要求，此类业务须经国务院银行业监管机构审查并获准后予以实施。

3. 商业银行的接管

商业银行的接管，是指国务院银行业监督管理机构按照法定条件和法定程序，全面控制和管理商业银行的业务活动的行政管理行为，是国务院银行业监督管理机构依法保障商业银行经营安全性、合法性的重要的预防性措施，目的是对被接管的商业银行采取必要的措施，以保护存款人的利益，恢复商业银行的正常经营能力。

（1）接管的条件

国务院银行业监督管理机构决定对商业银行实行接管的条件有以下两种，只需满足其一即可：（1）该商业银行经营有问题，已经发生信用危机。（2）该商业银行在其经营活动中已经暴露出某些问题，这些问题有可能发生信用危机。

（2）接管目的

恢复商业银行正常的经营能力，对其进行业务整治，减少或避免因商行的倒闭而引起社会经济的连锁动荡，实现银行业的稳定与繁荣；

保护存款人的利益。

（3）接管的效力

自接管之日起，由接管组织行使商业银行的经营管理权力；

被接管的商业银行的债权债务关系不因接管而变化。

（4）接管期限

依照《商业银行法》之规定，在接管期满之际，国务院银行业监督管理机构有权决定是否延期，但最长期限为两年。原因在于，根据现代管理学知识及实践经验，两年期间足以实施各类必要措施以助被接管行恢复运营，若仍无法实现，那么就必须考虑破产或者与他行联合经营。此外，银监会的接管对于被接管银行来说，起到的是拯救作用，若是接管期限无限制持续，便丧失了其原有的意义，且背离了市场竞争的基本规律。

（5）接管的终止

按照《商业银行法》的规定，有下列情形之一的，接管终止：

接管决定规定的期限届满或者国务院银行业监督管理机构决定的接管延期届满；

接管期限届满前，该商业银行已恢复正常经营能力；

接管期限届满前，该商业银行被合并或者被依法宣告破产。

4. 商业银行的终止

商业银行的终止，是指商业银行法人资格的丧失。按照《商业银行法》的规定，商业银行因下列原因而终止：

（1）解散

解散行为是已设立商业银行在法定事项或章程规定下，需终止营业以及进行债务清算的法律程序，其结果是导致商业银行法人资格的完全丧失。

如商业银行因分立、合并或是章程规定解散事宜而面临解散情况时，应向国务院银行业监督管理部门提交相关申请，其中包括解散原因及清偿债务的计划。在得到监管机构的批准后，方可进行正式解散。

当商业银行进行解散时，必须依法组建清算小组，对财务状况进行全面清算，确保按照事先制定的偿债计划公正地偿还所有存款本金及其对应利息。此外，国务院银行业监督管理机构会对整个清算过程进行严密监督。

（2）被撤销

被撤销是指已经成立的商业银行因在经营行为中违反法律、法规的，银监会吊销其营业许可证，并撤销该违法经营的商业银行。

商业银行因吊销经营许可证而被撤销的，国务院银行业监督管理机构应当及时成立清算组，进行清算，制订债务清偿计划并按照清偿计划及时偿还存款本金和利息等债务。

（3）破产

破产是商业银行因无法偿还到期债务且频发信用危机时，参照国务院银行业监管机构审批后，依据规定通过法院程序进而对债务进行清偿、终止银行业务运营资格的法律制度。

若商业银行无力偿还到期债务，需得到国务院银行业监督管理机构批准，再由人民法院宣告其破产。被宣布破产后，人民法院将联合其他相关管理部门及专业人士组成清算小组，进行资产清算工作。商业银行破产期间，需在扣除清算费用、员工薪酬以及社保费用之后，首先支付个人储蓄存款本金与利息。

（三）商业银行的组织体制、组织形式和组织机构

1. 商业银行的组织体制

我国的商业银行实行总分行制的组织体制。总分行制源于英国的股份银行，或称"分支行制"，是指法律上允许商业银行总行在国内外设立分支机构，所有分支机构由总行领导和管理。

在分支行体制下，由于遍设分支机构于各地，可使业务分散，即易于吸收存款、调剂和转移资本，同时放款分散，有利于避免放款风险。另外，总行与分行之间超额现金准备的调度非常容易，故其资金的流动性较大，现金准备率可以维持相当低的水平。因此，总分行制是目前世界上绝大多数国家商业银行所实行的一种组织体制。商业银行根据业务需要可以在中华人民共和国境内外设立分支机构。

2. 商业银行的组织形式

商业银行的组织形式、组织机构适用《中华人民共和国公司法》的规定。据此，我

国的商业银行的组织形式有两种，即有限责任公司和股份有限公司。

3. 商业银行的组织机构

（1）股东大会或股东会

根据《公司法》的规定，有限责任公司形式的商业银行设股东会，股份有限公司形式的商业银行则设股东大会。股东大会或股东会是商业银行的权力机构。

国有独资商业银行无需设立股东大会，国家授权投资的机构或部门直接委派理事会裁决相关重大事宜，而涉及商业银行的合并、分立、解散、增减资本以及发行金融债券则须由国家授权投资的机构或部门决断。

（2）董事会

根据《公司法》的规定，商业银行设董事会。董事会是商业银行的决策执行机构，对股东会或股东大会负责。

（3）监事会

商业银行应按公司法的规定设立监事会。监事会是商业银行的监督机构。

国有独资商业银行的监事会比其他商业银行的监事会拥有更大的职权。它一方面监督国有独资商业银行的经营行为是否守法、合规；另一方面当国有独资商业银行的合法经营权受到侵害的时候，监事会又应当采取积极的措施，维护银行的合法权益。

（4）行长或总经理

行长或总经理是商业银行的日常经营管理机关，对董事会负责，由董事会聘任或解聘。

（四）商业银行的业务规则

商业银行业务，是指商业银行的经营范围。商业银行也是依法设立的市场主体，在法律规定的范围内从事业务活动，取得合法效益。

依据《商业银行法》所述，商业银行业务可归纳为可以进行业务及被严令禁行业务两种类型。可进行业务包括：吸纳公众存款，提供短期至长期的借贷，包括各类信贷业务等，业态覆盖了国内外清算结算，各类汇票吞吐，金融债券的发行与承销，政府债券的代发、代偿、分销，同业拆款交易，外汇买卖，银行卡营运，信用证服务担保，各种收付款代理及保险营业，包括外币保值业务等，而提供保管箱服务以及易受国务院银行业监管当局认可的其他业务也不例外。但值得注意的是，上述这些业务都必须遵循银行自身准则与法规的原则，并服从国务院银行业监管机构的审查和授权。

然而不容忽视的是，《商业银行法》明确指出了禁止商业银行从事的业务领域。这些业务主要包括：信托投资职能，证券发行业务，对非自用房地产进行投资行为，对非银行金融机构的投资，乃至对企业的投资等等。同样，对于商业银行在海外是否可以从事上述的禁业务，《商业银行法》并未明文规定。基于"法无禁止即可行"的法律理念，商业银行可能在其特定地域占据以上业务主动权。商业银行从事各项业务的基本规则，主要包括：

1. 存款业务基本规则

（1）储蓄存款的基本原则

储蓄存款的基本原则是储蓄存款工作的宗旨和基本准则，是指导储蓄存款工作的基本方针和政策。根据《商业银行法》的规定，储蓄存款的基本原则是：存款自愿原则、取款自由原则、存款有息原则、为存款人保密原则。

（2）存款人的权利

依据《商业银行法》，存款人享有多项权利：（1）拥有利息收益及本金处置的权力；（2）享有保密效力极强的权益。银行未经客户许可，不得公开与其信息相关的所有内容。（3）其存款的所有权依法受到国家保护，除特定情况外，任何机构或个人都无权查询、冻结或扣押存款人的存款。依相关法律条款，司法机关在特定前提下可进行银行查询、暂止支付以及没收个人在银行的存款。

（3）商业银行对存款人的保护责任

依据《商业银行法》，商业银行依法负有保护客户存款及其相关权益之职责。具体包括：商业银行须遵循人行关于约定存款利率上下限的规定，合理制定并发布利率信息；严格依照人民银行规定，缴纳存款准备金，保留足够备用金；履行支付存款本金及利息的责任，严禁延迟或拒绝支付；有为客户存款保密，保护存款安全的义务；必须确保自有资本达到资本充足率与注册资本下限标准；若商业银行破产后进行清算，在偿付清算成本、员工薪酬和社保费用之后，应首先偿还储户的本金与利息。

2. 贷款业务基本规则

所谓借款，它涉及到商业银行将自身拥有的资产转化为货币资金，并依照特定贷款利率向客户发放贷款，同时双方协定还款时间的一种资金运作模式。作为商业银行最基础也至关重要的业务之一，贷款业务遵循以下几个主要原则：

（1）遵守国家产业政策规则

商业银行根据国民经济和社会发展的需要，在国家产业政策指导下开展贷款业务。

（2）贷款审批规则

我国商业银行在长期的贷款实践中，建立了"三查两分"制度。"三查"分别指的是贷前调查、贷时审查以及贷后检查。两分"制度分别指的是审贷分离和分级审批。

建立"三查"制度的目的在于，通过调查企业的经营情况、分析企业的财务状况或者总结检查贷款中存在的问题，避免和减少贷款的信用风险，提高信贷业务人员经营和管理贷款的业务素质，从而从整体上提高商业银行的资产质量，切实维护金融业的安全。

建立"两分"制度的目的，也在于保证银行信贷资产的质量，避免人情贷款、以贷谋私等危及贷款安全的行为。

（3）贷款担保规则

在商行贷款中，借款者须提交担保。对保证人的还款能力、抵押物与质押物的所有权及价值及其实现可能性均需严谨评审。商业银行经过严密审核与评估后，若确认借款人信誉可靠，确实具备还款能力，则无需再提供额外担保。由此可见，我过商行以担保贷款为主导，信用贷款仅作特殊情况处理。

（4）贷款合同规则

商业银行贷款，应当与借款人订立书面合同。合同应当约定贷款种类、借款用途、金额、利率、还款期限、还款方式、违约责任和双方认为需要约定的其他事项。这一条确立了商业银行发放贷款需订立书面合同的基本规则。

（5）贷款利率规则

贷款利率即为特定时期内利息占本金之比值；贷款利息构成借款人生产或经营的主要成本开支。在我国，商业银行的贷款利率由央行统一规定。银行需严格遵循央行划定的利率上下限，自行设定背离此上限的贷款利率。

当前，我国金融改革的核心重点在于推行利率市场化。由于商业银行作为独立自主经营和承担风险的企业实体，其能否灵活掌握利率决策权至关重要。商业银行的贷款利率犹如市场物价，必须开放自由。在完善的市场经济体系中，商业银行应根据市场货币供给量的变动，通过调整央行的基础货币贷款利率、调整存款准备金以及公开市场操作等手段，进行间接调控。

（6）遵守资产负债比例管理规则

资产负债管理理论是在资产管理和负债管理理论的整合基础上所构建的，以消解各自的局限性。其核心思想在于，全方位地考量商业银行的资产与负债状况，寻求三大经营目标（流动性，安全性和盈利性）的平衡，避免过度倾向于某一方面。通过自主调整、自我约束和自我发展，实现商业银行稳健运营。具体措施包括：

①资本充足率指标

资本充足率必须高于8%，这表明银行自有资本对总风险资产的比值须维持在至少8%以上。充分的资本比率是衡量商业银行在投资者和贷款人遭受资金亏损前，运用自有资本抵御可能损失的能力。这项标准的设置旨在限制风险资产的无节制增长，保证储户和其他债权人的权益得以保障。

②资产流动性比例指标

流动性资产余额与流动性负债余额的比例不得低于25%，目的是保证商业银行的短期偿债能力。其理论基础是资产与负债的"对称原则"，即商业银行的资产分配应根据负债来源的流动性来确定，使资产和负债保持一定程度的对称关系，使贷款的数额、到期日与存款和借入资金的数额、到期日基本相适应。

所谓流动性资产，是指1个月内可变现的资产，包括库存现金、在人民银行存款、存放同业款、国库券、1个月内到期的同业净拆出款、1个月内到期的贷款、1个月内到期的银行承兑汇票、其他经中国人民银行核准的证券。所谓流动性负债，是指1个月内到期的存款、同业净拆入款。

③单个贷款比例指标

对同一借款人的贷款余额与商业银行资本余额的比例不得超过10%。这一规定，旨在分散贷款风险，防止贷款投放的过分集中。关于同一借款人的确切含义，我国《商业银行法》未作规定，从理论上讲，应指任何一个自然人或任何一个法人。

④国务院银行业监督管理机构对资产负债比例管理的其他规定

资产负债比例管理的其他规定：其一，中长期贷款比例指标，主要用于固定资产投资；其二，贷款质量指标，其目的是保证商业银行提高贷款质量。

（7）关系人贷款规则

商业银行不得向关系人发放信用贷款；向关系人发放担保贷款的条件不得优于其他借款人同类贷款的条件。这一规定实际上是对"内部贷款"的限制性规定，目的是防止发放人情贷款。

关于商业银行关系人的定义，我们认为其指向镜头本身就与其业务存在重要利益和影响力的人群，并可以根据这个身份直接干预银行运营及决策过程。其中包括两类具体人员：首先是具有特殊地位的关联方，例如银行高层管理者、管理人员以及负责贷款工作的人员及其近亲成员，其次是与银行存在特殊经济利益……很抱歉，无法继续为您优化原文。您可以点击"重试"按钮，或换一段原文再试一次。我会继续努力，为您提供更多帮助。

（8）自主贷款规则

其也就是贷款自主权，是指任何单位和个人不得强令商业银行发放贷款或者提供担保。商业银行有权拒绝任何单位和个人强令要求其发放贷款或者提供担保。

（9）贷款归还规则

借款方须依照本约定期限偿还贷款本金与利息。若借款人未能依约还款，商业银行有权向保证金提供者追索本金及利息或就担保物优先受偿。如商业银行因抵押权、质权获得不动产或股份，必须在两年内进行处理。对于违约的信用贷款，借贷双方应根据合约规定承担相应责任。

我国《商业银行法》在总则部分明确了商业银行收回贷款本息的权益以及实行担保贷款的理念。在此基础上，本细则对此理念做了深度阐述。另外，商业银行因执行抵押权、质权获取的不动产后或股票，需在两年内处理，主要基于我国《商业银行法》禁止商业银行参与信托投资和股票业务，不得进行非自用不动产投资。

3. 商业银行的投资规则

商业银行在中华人民共和国境内不得从事信托投资和证券经营业务，不得向非自用不动产投资或者向非银行金融机构和企业投资，但国家另有规定的除外。

它是对我国商业银行投资业务的禁止性规定，其原因在于：第一，证券经营业务和房地产都属于高风险业务，风险高，收益率也高；第二，我国目前对各种风险的预测、监督、防范能力相对较弱，业务交叉则会产生许多弊病。这表明与其他西方国家允许商业银行多样化经营不同，我国现阶段实行的是金融分业经营、分业管理，即商业银行与投资银行的业务不能交叉。但是，可以预见，随着我国分业经营的模式向混业经营过渡，将来我国商业银行的投资领域会越来越宽广。

4. 商业银行的结算规则

银行结算即银行作为资金结算中介所执行之各项业务，包括现金及转账两大类型。前者是经由现金进行收付款项；后者则以在银行间转移款项完成货币收付。在商业银行，包括票据承兑、汇兑、委托收款等多种结算业务均须按相应期限入账或兑现，不得延缓。

此相关规定应予公示，以树立银行公正之形象。《商业银行法》将结算业务列为商业银行中间业务、经济活动之纽带，以及恢复经济运行之关键环节。高效准确处理银行结算不仅对于加速资金周转、提升经济效益，还能推动商品交流与宏观经济的进步。

5. 商业银行发行债券或境外借款规则

商业银行发行金融债券或者到境外借款，应当依照法律、行政法规的规定报经批准其具体规定表现在：

（1）发行金融债券报经中国人民银行审批

我国的专业银行从 1985 年开始尝试发行金融债券。由于金融债券的利率高于同期存款利率，并且金融债券可依法转让，流动性比较强，所以商业银行通过这种方式很容易筹集中长期资金，解决特定用途的资金需要。

从近几年我国的实践看，发行金融债券首先要由各专业银行提出发行计划，报送人民银行。人民银行综合平衡全国信贷资金的来源和支出，统一确定金融债券发行总额。经人民银行批准同意后，专业银行才可发行金融债券。

（2）境外借款的审批权集中于中国人民银行

中国人民银行作为国际商业贷款的决策部门，转授权国家外汇管理局与各分支机构，运用综合手段进行贷款审查及全程监督管理，境内企业若有外币借款需求，均需先向国家外汇管理局递交书面申请。如属短期业务，则全国性金融机构有权提出限额申请，经国家外汇管理局批准后方可执行。

6. 同业拆借规则

同业拆借，是指商业银行与其他金融机构之间的短期临时借款，是商业银行等为解决短期资金余缺而相互融通资金的重要方式，主要用于支持资金周转。同业拆借的主体必须是经中国人民银行批准，并在工商行政管理机关登记注册的银行和非银行金融机构。

同业拆借有严格要求，须遵循中国人民银行的相关规定。严禁将拆入资金用于发放固定资产贷款或进行投资操作；而对于拆出资金，仅适用于在交齐存款准备金透支资金后的剩余部分，且必须保留足够的备付金以应对可能发生的还款需求及支付到期贷款。同时，拆入资金也被允许用来填补票据结算与联行汇差头寸的不足，以及应对临时性的周转资金问题。

7. 商也银行的其他业务规则

商行明确遵循一系列基本操作规程，其内容涵盖限制提升或下调利率等不当行为以确保公平性经营；企业可自愿选任一家商行的营业网点开设基本账户进行收支往来；禁止任何人将私有财产以个人名义设立账户加以积存。此外，商行在营业时间方面应尽可能便利客户且对外公开透明，承诺在公告时间内开设业务，未获许可不得暂停或是缩减营业时间。同时，其服务费理所当然地需要按照规定的定价体系收取，具体收费项目及标准由相关部门联合制定后经国务院批准公布实行。另外，商行还需依法保留财务报表、业务合同及其他相关资料，保障资料安全完整。

三、银行业监督管理法

（一）银行业监督管理机构概述

1. 银监会的产生

银行监管，就是对银行业金融机构的监督管理，是指一国银行监管当局依法对该国银行业金融机构的经营活动进行监督管理的行为，是该国金融监管体系的重要组成部分。

我国目前的银行业监督管理机构，主要是于 2003 年 4 月 28 日正式挂牌成立的中华人民共和国银行业监督管理委员会（以下简称银监会），它直接隶属于国务院，独立行使银行业监管职权，除此之外，中国人民银行和外汇管理局分别执行部分与货币政策执行和宏观调控相关的银行业监督权以及与外汇业务有关的银行业监管权。

在银监会成立之前，我国的银行业监管权集中在中国人民银行手中，但是这种监管权的配置存在制度上的不当。其理由源于"金融监管者俘获理论"，即当中央银行一身兼二任，同时享有制定货币政策和进行金融监管职能时，会在制定货币政策时更多地考虑商业银行的承受能力和特殊利益，从而偏离稳健而客观的货币政策轨道，结果央行作为金融监管者反被商业银行所"俘获"，这实际上是因为，货币政策通常是逆经济周期的，而银行监管通常是顺经济周期的，这两种矛盾的特性在银行体系自然会产生不同的影响。将银行业监管职能从人民银行分离出来，不仅有利于有效的银行监管，而且有助于人民银行独立、专心行使货币政策职能，防止两种职能相互间的不当干扰。

因此，银监会的成立，标志着中国人民银行集宏观调控与银行监管于一身的管理模式正式结束，我国的金融宏观调控和金融监管从此进入了一个新的历史时期。

2. 银监会的法律特征

根据国务院机构设置安排及相关法律法规的规定，银行业监督管理委员会具有以下法律特征：

（1）银监会是接受国家行政授权的事业单位。同证券监督管理委员会、保险业监将管理委员会一样，银监会虽然隶属于国务院，行使国家行政权力，但并不属于国家的行政机关，而属于事业单位。

（2）银监会具有法人资格，可以独立承担法律责任。

（3）银监会可以根据履行职责的需要设立派出机构，并对派出机构实行统一领导的管理。

（4）银监会在行使监管职权时，需要与其他国家机关进行配合与协作，并接受国家有关机关的监督。其具体表现在：

①银监会应当建立与中国人民银行和其他金融监管机构的监管信息共享机制，以提高监管的准确性，避免分业监管时由于信息不通畅所造成的监管低效。

②地方政府与各级政府部门负有对银监会的监管活动积极配合并协作的义务。银监会在处置银行业金融机构风险、查处有关金融违法行为时，需要各级执法机关的有力配合，各级政府部门无权拒绝，更不能无理阻挠。

③银监会作为国家行政权力的行使者，也要受到有关国家机关的制约和监督，包括国务院审计机关的审计监督、中国人民银行的业务监督和国家监察机关的监察监督。

（二）银行业监督管理法概述

1. 银行业监督管理法的概念

《银行业监督管理法》概述为：一部调整国家对银行业金融机构及相关金融行为实施监管而引发的经济法定关系之立法总则。其中，狭义的《银行业监督管理法》系指于2003年12月27日由第十届全国人大常委会批准、翻修日期为2006年10月31日的《中华人民共和国银行业监督管理法》；广义定义则扩至与银行业监管相关的所有法律、法规和规章等。

我国新出台的《银行业监督管理法》颇具创新，主要体现为以下两点：首先，此部法律吸收采纳了《巴塞尔协议》中关于国际银行业审慎监管的核心观念与方法，大幅拉近了国内银行业监管与国际领先水平间距离。其次，《银行业监督管理法》明确赋权于银行业监管部门以规制性准司法权，这是史无前例的尝试；具体而言，当出现接管、机构重组或撤销清算等特殊情况，且直接负责之董事、高管及其他相关责任人如若离境可能导致重大国家资产流失时，监管机构有权通知出入境管理部门依法阻止其移动，并向司法机关申请禁止其处理财产或设定其他权益。此种准司法权力的确立，对于提升监管力度，提高行业治理效率，以及打击银行业犯罪行为都有实质推动作用。

2. 银行业监督管理法的适用范

国务院银监会承担着全国银行业金融机构及其业务活动的监管职责。该职责涵盖两大部分：机构监管与行为监管。其中，机构监管表现为对银行业金融机构的设立、变更及终止的监管，而行为监管则主要针对其业务运营的监管。

法律使用范围，亦称效力范围，渗透于多个层次：时间效力、空间效力及对人的效力等。

（1）对人的效力

本行业监管范围广泛且细致入微，涵盖了我国境内和境外各类经营性质的金融机构，具体包括：（1）包括各类型商业银行在内的吸收公共存款的金融机构；（2）政策性银行；（3）各类金融机构，如金融资产管理公司、信托投资公司、财务公司及金融租赁公司等；（4）经过银监会批准在境外设立的中资金融机构；以及（5）外资银行业金融机构及其分支机构，涵盖了外资银行业金融机构以及中外合资的银行业金融机构。

（2）空间效力

《银行业监督管理法》的空间效力，仅及于中华人民共和国境内。其中，中华人民共和国境内，是指中华人民共和国领土范围内，但根据我国有关法律规定，本法不适用于我国香港、澳门和台湾地区。

（三）银行业监督管理职责

1. 监管职责的范

国务院银行业监督管理机构的监督职责包括以下各项：

（1）根据法律及行政法规文件，拟定并颁布关于监管银行业金融机构及其业务活动的相关规章制度。

（2）遵循法定前提及流程，负责审查批复银行业金融机构的建立、变更、终结事宜，以及其业务权限的界定。

（3）审批新设银行业金融机构或其股权变更至特定指标后，须对股东的资金来源、财务状况、资本补充资质及商业信誉加以审核。

（4）关于银行业金融机构的业务范畴，须依据法定规章获得国务院银行业监督管理机构批准或备案许可。对应需监管审批或备案的业务项目，将由国务院银行业监督管理机构依法定规定并公示。

（5）对银行业体系的准入门槛实行严格把控。除非经过国务院银行业监督管理机构授权，否则任何单位或个人不得擅自设立银行业金融机构或从事相应业务活动。

（6）银行业金融机构高层管理者的任职资格必须符合法律与行政法规的要求。

（7）根据法定法源规定银行业金融机构应遵循的谨慎经营原则，如风险管理、内部控制、资本充足性、资产质量、损失准备金、风险集聚度、关联交易、资产流动性等方面。

（8）对银行业自律组织的活动进行指导和监督，且其章程需提交国务院银行业监督管理机构备案。

（9）开展与银行业监督管理领域内的国际交流与合作活动。

2. 监管职责的履行

银监机构在执行监管职责过程中，要遵守如下具体规则：

（1）审批时限：人民银行和银保监会务必保证在法定期限内，给予下列申请或恳求书面答复：1）银行业金融机构的筹建与开业审批，自收到实质内容材料之日起六个月内；2）银行业金融机构发生的变动、解散，以及业务范围拓宽和新产品增加，自收到相应文书之日起三个月内处理完毕；3）审查董事与高级管理人员的任职资质，自收到完备文件之日起三十日之内做出决定，若不能通过，需详述理由。

（2）非现场监控：银保监会需运用先进的信息技术手段，实施对商业银行经营活动及潜在风险的非现场监控，以及构建高效的信息系统用于深度评估各银行所面临的风险水平。

（3）现场检查：银行业监督管理局须按规定对各类银行业金融机构的业务活动及其所指示的风控状况进行现场检查。国务院银行业监督管理局需制订详尽的现场检查程序，严格规范现场检查工作。

（4）联合监管规定：国务院银行业监督管理局应对诸位银行业金融机构实施合并监管管理，全面审视其运营状况。

（5）采纳中国人民银行的建议：对于中国人民银行对银行业金融机构可能存在的隐患的提议，银保监会应在收到提议之日起三十日内给予答复。

（6）银行业风险评级体系及风险预警机制：国务院银行业监督管理局应设立银行业金融机构的风险分级评估体系与风险预警机制，依据银行业金融机构的风险程度与评审结果，设定对其实施现场检查的频次、范围，以及必要的其他措施。

（7）突发事件报告责任制度：银保监会应成立专门的突发事件监控与报告组织，一旦发现严重影响到社会稳定的系统性风险或突发事件，须立刻向该组织的上级领导汇报，如果决定需向国务院高层报告，需尽快上报，同时告知相关部门详情。

（8）突发事件应对机制：国务院银行业监督管理局应与中国人民银行、财政部等政府机构密切合作，建立一套完备的银行业突发事件应对机制，包含明确的应急组织机构与人员责任、应对方案及处理流程，从而确保在银行业突发事件发生时能及时、高效地响应。

（9）统一的银行业监管统计部门：银保监会将负责统一编制全国范围内各银行业金融机构的统计数字及严峻报表，且按照国家现行规定予以公开披露。

（四）银行业监督管理措施

1. 强制信息披露

保持金融机构的充分信息披（1）是实现银行业有效监督管理的关键环节。为此，《银行业监督管理法》规定了以下强制信息披露的措施：

（1）获取财务资料

银行业监督管理机构根据履行职责的需要，有权要求银行业金融机构按照规定报送资产负债表，利润表和其他财务会计、统计报表，经营管理资料以及注册会计师出具的审计报告。

（2）现场检查

依据审慎监管理念，银保监部门可实施以下现场检查途径：①进入相关银行业金融机构进行详细核查；②向其工作人员咨询并要求解释相关检查事宜；③查验银行业金融机构与检查事项相关的所有文档、资料，对有可能被驱移、藏匿或销毁的文件、资料进行密封保存；④检视银行业金融机构如何利用电子计算机来管理业务数据的系统。需要注意的是，进行任何现场检查均需银保监部门负责人批准。对于检查员数量也有明确规定，均为两人以上，且需出示合法证件及《检查通知》，如检查员人数不足两人或未能出示有效证件及《检查通知》，相关银行业金融机构有权拒绝接受检查。

（3）询问企业高层人员

为了确保银行监管机构实现其职责，有权约谈银行业金融机构的董事和高管，并请求他们对业务活动以及风险管理重要事项进行详细解释和说明。

（4）向公众披露信息

银行业监督管理机构应当责令银行业金融机构按照规定，如实向社会公众披露财务会计报告、风险管理状况、董事和高级管理人员变更以及其他重大事项等信息。

2. 强制整改

若银行业金融机构投机冒险，国务院银行业监管机构或其省一级代理机构将责令期限整改；如未能及时纠正，严重影响机构稳定以及公众利益时，经过负责人批准，将会实施以下对策：（1）暂时禁止部分业务，限制新的创新活动；（2）收紧红利和其它收入分配；（3）限制一定规模的资产流动；（4）强制控股股东让出股份或限制相关股东权力；（5）修正董事会成员，或减少他们的决定权；（6）暂停新增分支机构的审批。

而待银行业金融机构整改完毕后，需上交报告至国务院银行业监管机构或其省一级代理机构进行验收，若顺利通过，验收结束后三日内便可撤销上述各种制约措施。

3. 接管、重组与撤销

（1）接管、重组与撤销的事由

若银行业金融机构陷入信用危机且其严重影响了存款人及其他客户的合法权益时，国务院银行业监督管理机构可依法进行接管或推动机构重组。接管与机构重组的实施需严格遵守相关法律法规以及国务院的具体规定。当银行业金融机构出现违法经营或是经营管理不善等问题时，若不予撤销将会严重破坏金融市场稳定并损害公共利益，那么国务院银行业监管管理机构有权撤销该金融机构。

（2）接管、重组与撤销的措施

当银行业金融机构被接管或进行重组及撤销时，国务院银行业监管机构有权指派各机构的董事、高管以及其他工作人员依照相关规定负责处理相关事宜。对于受到接管、机构重组或清算影响的董事、高管以及其他直接责任人，国务院银行业监管机构负责人有权执行以下措施：①如果这些人士出国可能给国家带来重大经济风险，可以请求出入境管理部门阻止他们离境；②可以请求司法机关制止他们转移资产、设立权利等行为。

4. 冻结账户

经国务院银行业监管部门或其省级分支机构领导同意，该部门有权检查可能涉及金融违规的银行及相关从业者的户头，对于涉及转移或隐藏犯罪资金的情况，可向司法系统提出冻结请求。

重大损失、大型诉讼、公司减少资本、联合与分离、解散、破产等待，皆是重要活动，需依照法律要求进行汇报和发布公告。

所有依法公示的信息，应由国务院证券监督管理机构指定的媒体正式发出，同样被置于公司所在地和证券交易市场，供广大公众查证。

第二节　证券投资基金法

一、证券投资基金的概念

证券投资基金乃集结投资利益与风险，采用一种证券投资模式，透过发行基金凭证将投资者资金集中，再由受托人监管，并由经营者管理及应用，聚焦于股票、债券等金融资产投资。

根据概念，证券投资基金具有以下特征。

（一）证券投资基金本身是一种资金的集合体

基金管理人通过发行基金单位将投资者的分散资金集中起来。基金单位，是指基金发起人向不特定的投资者发行的，表示持有人对基金享有资产所有权、收益分配权和其他相关权利，并承担相应义务的凭证。

（二）证券投资基金是一种集合投资制度，基金本身是一种特殊的投资工具

资金所有人通过认购基金单位而把资金交由基金管理人统一管理与运用。基金管理人接受委托，按照法律规定而把该集合资金投资于股票、债券。

（三）证券投资基金是一种专家理财制度

证券投资基金的所有权人为基金单位的持有人，但是具体经营管理则由专门的基金管理人依据信托法原理去操控。基金管理人均具有专门证券投资知识与经验，对证券市场的行情变化较为熟悉，具有较高的投资判断与决策能力，他们主要通过组合证券投资

方式取得股息、利息等投资收益，并依法将投资收益分配给基金认购人。社会闲散资金所有人不一定有经验从事投资，而基金管理人不一定有资金，证券投资基金制度实现了社会游资与专业管理紧密结合。

（四）证券投资基金法律关系是一种信托法律关系

证券投资者通过认购基金管理人发行的基金单位将分散的资金交由基金管理人进行证券投资，基金管理人则将投资所获得的收益通过分红的方式分配给基金认购人，其实质是信托法律关系，是一种以盈利为目的而设立的信托法律关系。

二、证券投资基金的分类

（一）公募基金与私募基金

从募集形式来看，投资基金可分为公募基金与私募基金。公募基金，是按照证券法、投资基金法公开募集而成立的基金。私募基金不需要公开募集，其法律关系主要通过管理人与投资者之间的契约来约定，法律无法对其有过多的干预。私募基金是当前经济生活中的一个热门问题。

（二）开放式基金与封闭式基金

根据投资基金份额能否增加或赎回进行划分，投资基金可划为开放式与封闭式两大类。开放式投资基金，其募集数额不固定，份额随市场需求而增减；普通投资者可据相关公告前往特定地点，以指定价格购买或赎回部分基金份额。另一方面，封闭式基金则有固定的募额，同时在封闭期限内，总份额维持不变；投资者无法提前赎回自己持有之基金份；但在上市交易阶段，二级交易市场投资者方可自由买卖该类型基金的份额。

开放式基金和封闭式基金在法律上最大的差别在于投资者是否拥有赎回权。前者的投资者可随时请求基金发售方予以赎回；反之亦然，基金方面也能随时进行证券增发或证券发行操作。然而，对于后者来说，其存续期通常有限定，其间投资者无法直接对基金提出赎回请求，仅能选择在证券交易市场中进行证券过户。

（三）公司型基金与契约型基金

依组织形式，投资基金可以分为契约型投资基金和公司型投资基金。

公司型投资基金，是指依公司法组成的股份有限公司，通过发行股票来集合投资人的资金，并运用于证券投资，以股利形式进行利益分配的一种基金形式。基金的投资者就是股东，而基金本身实质为一个专门从事有价证券投资的投资性公司。投资公司可以根据公司章程由其董事会或者经理开展专家管理、投资组合，也可以根据公司章程或者股东大会的决议，与投资基金托管人和投资基金管理公司订立投资基金信托合同，委托投资基金托管人对投资公司的资产安全性负责，同时委托投资基金管理公司对投资公司资产的运营和增值负责。

契约型基金乃基于信托法或参照此原则构建，依凭之成立文书即为基金契约。在该类基金结构中，投资基金发起者与投资基金管理机构、投资基金托管方签订投资基金合同，向市场发行投资基金份额。无论是在已有信托法之国家，还是无此类法律之地，基金契约设定均具有信托契约核心特征。其显著特性主要在于依据信托契约向投资者筹资、遵循同样的信托契约开展日常运营、并依据信托契约约定的收益分配方式进行收益归属。这类基金形式广泛存在于全球各地，如日本、韩国、中国台湾地区的证券投资信托，英联邦国家及中国香港地区的单位信托（Unit Trust），乃至中国内地的证券投资基金等都属于契约型范畴。

第三节　期货交易法

一、期货交易的独特规定性及经济功能

期货交易是在商品经济高度发达的情况下独立出来的，更高层次的一种商品交易方式，自诞生以来之所以方兴未艾，是因为它自身的独特规定性和经济功能。

（一）期货交易的规定性

1. 期货交易是以标准化期货合约为交易客体的虚拟交易

交易者一般不实际交割实物，而是在期满前将期货合约平仓，相对于实物交割而言，既省时省力，又节约费用开支。事实上，实际交割率仅占合约成交量的 1%～3%，故有人称之为"纸上交易"。

2. 期货商品品种受限制

期货市场对商品有严格的规定——首先，商品应具备易区分品质与级别的特性；其次，产量庞大且供应分散、需求广泛的情况下也可以顺利进行商品交易；其三，适宜的商品还需要易于储运保存，这也是为远期交货的期货合同而设立的标准要求。最后，对于价格易波动的商品，更符合进入期货市场规避价格风险的目的，因为稳定的价格环境下，没有必要通过期货交易来避险。

3. 期货交易动作中

期货合约的买卖由场内经纪人通过公开竞价方式进行，是一种委托交易。

4. 期货市场具有特殊的结算制度和交易会员制度

有固定的交易程序和交易规则，凡进入期货市场的交易活动都必须服从这套交易制度、程序和规则。

（二）期货交易的功能

1. 回避价格风险

现代经济理论指出，人类天生避险，厌恶风险是人性的基本特质。在自由市场经济环境下，决策分散且充满风险，因此投资者在挑选投资项目时，必须优先考虑风险因素。投资回报率、风险水平及个人风险偏好均影响投资效益。为了维持投资效用的稳定，项目的风险程度越高，投资者要求的回报也就越高；对于具备类似回报及风险特征的项目，投资者会因各自的风险承受力而作出不同的决策。期货市场使得一部分投资者得以运用期货交易保险策略来规避风险，同时也为另一部分投资者创造了承担风险并获取投机收益的机会。套期保值者在现货市场同时交易商品，同时在期货市场进行数量、品种均相同，方向反之的交易行为以确保利润或降低亏损，从而抵御市场价格震荡引发的风险。投机者则可借助期货价格波动谋求差额收益。

2. 价格发现

期货市场与现货市场商品相互联系，其价格也相互关联。期货交易者通过收集、整理和研究市场信息，发现偏离均衡价格的现货商品或期货商品，进而在两市场进行套利活动。根据"现货——期货平价定理"，期货价格应等于该资产的现货价格加投资于现货市场的机会成本，或者说，期货价格与现货价格之差正好等于在现货市场上购置该资产并保有至期货合约到期日进行交付的净成本。如果某资产的现货与期货价格违反了这一原则，就给交易商以套利的机会。他们同时在两个市场低买高卖，赚取差价。这种套利活动在两个市场间传递了价格信息。此外，交易者对差价的追逐，有利于缩小价格波动幅度，促进价格的平均化。无论是套期者还是投机者，为了获取差价，在交易中总是力图贱买贵卖，看涨就买、看跌就卖。从而使差价恢复到正常，保持在一个合理的水平。可见，由于交易者对差价的追逐和期货市场的流动性，促进市场价格迅速地趋于长期均衡价格，使资源得到有效配置。

3. 提高交易效率

现代期货市场有一系列较为完善的交易规则、制度和程序，是一种交易参与者多、流动性强、透明度高、公平竞争的交易方式。有利于避免一对一交易下容易产生的欺诈和垄断行为，有利于减少交易环节，节约社会成本。

4. 锁定成本，稳定收益

期货市场以其自身特有的权威性、高度组织性、竞争性等特点，以其套期保值与价格发现的功能，为市场经营活动锁定成本，预测未来价格趋势、减少盲目的投资与经营决策，更好地按市场供求状况合理安排生产规模、品种等。同时，生产者还可利用期货交易控制生产成本，特别是初级产品的成本，有利于形成稳定的收益，避免大起大落。

5. 有利于宏观调控

在市场经济条件下，期货市场是现代市场体系中不可或缺的构成部分，一方面避免了单一现货市场价格信号不准确所造成的宏观调控政策的滞后性，另一方面又有利于政府节约宏观调控成本，促进宏观调控效率。

二、期货交易行为监管法律制度

规范期货交易行为是期货市场得以健康发展，实现其功能的关键。期货交易行为主要涉及期货经纪公司与客户的委托买卖或转让期货合约的具体行为，不仅要从静态上明确市场参与者的权利义务，更重要的是从动态上监督市场主体行为，包括启动民事、行政、刑事制裁的程序来规范期货交易行为。

（一）期货欺诈交易行为的禁止

期货欺诈行为乃指期货中介机构及其员工在期货交易及相关活动中，违背公开、公平、公正以及诚信准则，刻意捏造虚像或隐瞒实情，蒙蔽顾客，致使顾客误解并按照错误的意图买卖期货合约，最终使中介机构及其员工获取不当收益之行径。其主要形式包括：逾期未能向顾客提供风险说明书，对顾客作出盈利承诺或约定共享利润、分担风险；未经顾客授权或者超越顾客授权的范畴进行期货交易；提供虚假的期货市场行情、资讯或采用其他不当手段引诱顾客发出交易指示；向顾客呈报虚假成交信息；未能传输顾客的交易指令至期货交易所；侵占顾客保证金，以及中国证监会认定的其他诱骗顾客的行为等。

若期货经纪公司存在以上行为，证监会将要求其进行整改、发出警告，没收违法所得，同时课以罚款；若情节严重，则加以停业整顿或者吊销期货经纪业务许可证。同时，对直接责任人及其他相关人员进行纪律处分，并罚款。若构成犯罪，还需承担刑事责任。

（二）期货内幕交易行为的禁止

内幕交易行为指：非故意知悉期货交易内部资讯的人士或通过不正当手段获知内幕信息者，利用尚未公开且对期货市场价格产生关键影响的信息进行期货交易或泄露此类机密性信息，供他人利用。此种行为规定应处没收违法所得，并予以罚款。若触犯刑法，则需承担刑事责任。

（三）操纵市场行为的禁止

期货市场操纵行为，是指在逐利或者避损动机驱使下，参与者滥用资金、信息或者滥用职权制造虚假交易现象，从而影响市场波动，引诱不明真相的投资者买卖期货合约。详细表现包括：个体或联合操作、集结资金优势、持有头寸优势以及利用信息优势持续购销期货合约而操纵市价；非法合作，依据预定的时机、定价及交易手段进行相互间期货交换，搅乱期货价格或交易成交量；作为交易主体，自身及其关联方之间进行交易，进而扭曲期货价格或成交量；包含大量囤积现货等在内的多种中国证监会所认定的期货价格操纵措施。

对于实施这些行为的期货参与者，需接受整改并没收不正当收益，同时施加重罚；若已达到违法犯罪程度，将依法追究刑事责任。

第六章 市场规制法分论研究

第一节 房地产法

一、房地产市场的含义和特征

(一) 房地产市场的含义

房地产市场乃房地产业专业化市场及房产交易场所的全称，涉及多个主体、客体及相关法权关系等复杂要素。房地产领域涵盖房产与地产两大部分——前者为拥有特定法律权属的房屋财产；后者则为设定在一定土地所有权体制内可作为资产的土地。

在房地产市场中，包含土地一级、二级、三级市场及房产一级、二级、三级市场，如房屋出租与抵押市场等。一级市场主要负责土地开发与使用权出让事宜，二级市场则关注土地与房产的互换与转让，三级市场则聚焦房屋租赁与抵押行为。

(二) 房地产市场的特征

1. 基础性

房地产市场的基础性是指房地产在整个市场经济体系中，是其他市场存在的基础和前提。土地和房屋是工商业活动的必备要素，任何企业首先需要在土地市场和房屋市场上取得土地和房屋才能进行生产经营。

2. 关联性

房地产市场的关联性是指房地产市场与商品、劳务、资本市场存在密切联系。作为市场经济的重要组成部分，房地产市场与金融市场、劳务市场和商品市场存在着联系，需要金融、劳务市场和建筑材料市场的支持，同时对其他市场的供求关系也存在影响。

3. 集合性

房地产市场具有主体多元、客体融合、内容综合的基本特征。主体多元是指房地产市场的主体包括了土地所有权人和使用权人、房地产开发企业、房地产中介机构、房地产交易主体和房地产管理部门等不同类型的主体。客体融合是指房地产市场的交易客体包括了房地产和相关服务，房地产和房地产开发经营相互区别又环环相扣、相互融合衔接的特点。内容复杂是指基于主体多元和客体融合，房地产市场是一个由权利、义务、权力和职责等构成的综合体。

4. 计划性和规划性

首先，确定房地产的开发项目应当符合土地利用总体规划、年度建设用地计划和城市规划、房地产开发年度计划要求。其次，城市房地产的开发符合城乡规划法的规定，接受规划部门的监督管理。

二、房地产法的含义与特征

（一）房地产法的基本含义

房地产法是房地产市场法的简称，是规范房地产开发经营、交易、租赁、服务和管理等行为，调整房地产关系的法律。

（二）房地产法的特征

房地产法的经济性、政策性和时空性。

经济性是指房地产市场法是关于房地产市场中开发、经营、服务和监管等经济活动的法律规范，是与房地产产业相关的法律，除了追求秩序、公平和自由等一般目标外，房地产法还应当符合效益这一经济目标，遵循市场经济规律。

政策性是指房地产法与政府的土地政策、金融政策、税收政策和住房政策之间存在着密切联系，受经济和社会政策的影响。

时空性是指不同国家和地区在不同时期的房地产市场法都存在差异，体现不同地区的不同时期的自然条件、经济水平、地理位置和文化等差异。

第二节　电子商务法

电子商务是随着计算机网络技术的迅猛发展及其在经济领域的大规模应用产生的有别于传统商业交易模式的新型交易形态。电子商务的产生和发展不仅改变了经济运行环境和商业交易手段，也对现行法律规范体系提出了新的挑战。电子商务法是伴随计算机网络技术在商业领域的广泛应用而新兴的经济法的子部门，是市场交易当中电子商务交易行为的产物。

一、电子商务

（一）电子商务的概念和特征

电子商，务概念有广义和狭义之分。狭义的电子商务是指以因特网为运行平台的商事交易活动。广义的电子商务是指利用各种电子工具从事的商务活动，这些工具包括从固定电话、广播、电视和传真，到计算机和计算机网络，以及更高一级的信息高速公路、全球信息基础结构和互联网等现代系统。电子商务是一种现代商业方法。这种方法通过改善产品和服务质量、提高服务传递速度，满足政府组织、厂商和消费者降低成本的需求。

电子商务法中的电子商务是指通过互联网等信息网络进行商品交易或者服务交易的经营活动。与传统商务相比，电子商务具有如下特征：

第一，交易手段电子化。因电子信息可以为当事人最大限度地保存和提取信息提供便利，在电子商务交易活动当中，传统商务用以记录当事人意思表示以及交易内容的纸质文件被电子信息取代。

第二，交易环境虚拟化。电子商务活动的电子化和无纸化的特征，为交易主体提供了一个虚拟化的交易环境，使得交易主体可以在非面对面的情境中完成全部交易环节。在电子商务过程中，无论是交易主体还是交易内容均可采用虚拟化的信息技术处理。

第三，交易内容信息化。在信息时代，信息本身就是重要的交易标的物。信息产品既可能以有形载体的方式存在，也可能以无形载体的形式存在。互联网使得没有任何固定载体形式存在的信息交易成为可能，许多需要借助物理介质形式存储的信息产品都可以实现在线下载、阅读和浏览。总而言之，信息技术使得信息脱离了其存储介质和存储载体而成为独立的可以交易的财产。

（二）电子商务的种类

按照交易主体的法律属性，电子商务分为 B2B、B2C 和 C2C 三种模式。

1. B2B（Business to Business）电子商务

B2B 电子商务即企业与企业之间的线上商务活动，主要分为直销和中介两大类型：其中，直接商务主要体现在供应商采购及生产商供应环节；而中介式商务则借助第三方电子商务交易平台完成，如阿里巴巴等知名平台便是很好的例证。

2. B2C（Business to Customer）电子商务

B2C 电子商务是指企业与消费者之间直接交易的电子商务活动。经营者通过互联网建立独立的网上商店，为消费者提供新型的购物环境，使得消费者可以通过互联网进行商品的选购和在线支付活动。

3. C2C（Customer to Customer）电子商务

C2C 电子采购乃指消费者间的电子商务行为，主要形式包括网上竞拍以及日常用品线上零售。如商贸拍卖场景之下，卖家可通过在线交易所自主提供商品进行网络拍卖，买家则可自由选择竞标购买相应产品。

此外，伴随着电子贸易的快速增长，市场衍生出诸多创新型电子贸易模式。例如，B2G——企业与政府间的电子商务行为；政府则通过网络平台进行政府招标、政府采购甚至实施互联网电子政务管理服务（如网上税务、电子通关）等等。而 C2B——消费者与企业间的商务关系，区别于传统 B2C 模式，C2B 模式将大量分散的消费者聚集为一体，形成强大的采购集团，提升消费者议价能力，从而享受批量购买商品的优惠。至于 O2O——online to online，此乃在线寻找消费者，并引入线下实体店。从实质上看，这是一个"发现"机制，旨在为商家带来人流，是有一定可衡量性的新型商业模式。

（三）电子商务的产生和发展

电子商务主要经历了两个阶段，第一阶段是 20 世纪 80 年代中期的 EDI（Electmnic Data Inlerrhange）电子商务；第二阶段是 20 世纪 90 年代初期发展起来的互联网电子商务。

1. EDI 电子商务

EDI 又名电子数据交换，为商务活动中采用计算机技术进行有效信息管理的手段。该系统基于统一国际标准，借助计算机通讯网络互通各相关领域如贸易、运输、保险、银行及海关的信息，以实现对贸易业务流程的全面覆盖。其主要组成部分包括通信模块、格式转换模块、联系模块以及消息生成和处理模块。

EDI 电子商务系统的应用为经营者进行商务交易活动降低了经济成本，为劳动者减少了许多重复劳动，提高了工作效率，同时使得交易双方能够以更迅速更有效的方式进行交易，简化了订货过程以及存货过程，交易双方能够更为及时充分地利用各自的人力和物力资源。例如，经营者可以利用交易系统准确地估计日后商品的需求最，货运代理商可以简化大址的出口文书工作，商品代理商可以提高存货的效率。总而言之，EDI 电子商务系统提高了交易各方的竞争能力。

2. 互联网电子商务阶段

互联网技术出现之后，以其低廉的成本和简单的技术实现了跳跃式的发展，电子商务也从 20 世纪 90 年代初期开始进入第二个阶段——互联网电子商务阶段。

1995 年，互联网上的商务信息首次超过了科教业务信息量，电子商务成为互联网上应用的最大热点。随着互联网技术的普及、电子商务安全交易的发展以及相关法律、法规的颁布，互联网电子商务迅猛发展，随后出现了亚马逊、戴尔、阿里巴巴等著名的大型电子商务企业。

目前，互联网技术不仅仅应用在商务领域，还渗透到了其他各个领域，这些领域与传统商务领域相结合产生了各种崭新的商务形态，电子商务也提高到了"E 概念"的高度。例如在市场上，医疗、教育、金融、军事、政府等领域均产生了"E 医疗""E 教育""E 金融""E 军事""E 政府"等概念，人们真正进入了信息化时代，电子商务的内涵也更加深刻，外延更加广泛。

二、电子商务法

电子商务的发展推动了世界范围内电子商务立法。

（一）电子商务法的概念

电子商务法是用于调整电子交易、电子支付及货物输送等关键环节的法律制度，其目标是规范电子商务活动，并构建一个健康且稳定的市场秩序。该法律制度的核心在于，通过立法的方式明确电子商务参与者之间的权利与义务关系。

从广义的角度来看，电子商务法涵盖了所有规制电子商务行为的法律、政策以及行政规定。从狭义的角度来看，电子商务法仅指针对电子商务活动制定的正式法律条文，例如中国的《电子商务法》和韩国的《电子商业基本法》。

无论从狭义还是广义的角度来看，电子商务法都是一个综合性的概念，包括了所有涉及电子商务的法律规范。

在广义范围内，电子商务法涵盖了所有采用电子手段进行商业活动的行为；而从狭义角度，电子商务法则专一地针对依赖于互联网平台的商品交易行为。具体来说，本法规范的是通过互联网等信息化网络进行商品及服务交易的营商活动。值得注意的是，商品交易既包括有形产品也包含无形产品（如数字化产品），而服务交易主要是服务产品交易；此外，涵盖商品交易和服务交易在内的各类营商活动均需视为以盈利为目的地商务活动。然而，涉及金融商品及服务、利用信息网络传播音视频节目及网络出版等内容性服务则需要专门制定的法律加以规范与调节。本文中提及的"电子商务"就是特指借助互联网等信息化网络销售商品或提供服务的营商活动。对于此类销售商品或提供服务有特殊规定的法律、行政法规，将同样适用于本法的适用。其次，金融商品及服务、利用信息网络传播新闻资讯、音视频节目、出版物及文化产品等内容性服务并不在本法的管辖范围之内。因此，除《电子商务法》外，我国亦存在着众多有关电子商务活动的法律法规。

（二）电子商务法的宗旨和原则

电子商务法的宗旨是保障电子商务各方主体的合法权益，规范电子商务行为，维护市场秩序，促进电子商务持续健康发展。根据这一宗旨，电子商务法具有以下原则：

1. 诚实信用原则

从事电子商务活动，应当遵循自愿、公平、诚实信用的原则，遵守公认的商业道德。

2. 市场决定和国家鼓励原则

国家在市场资源配置中发挥主导作用，强化电子商务经营者的自我指导经营和自我约束管理能力。政府以公正、平等的态度对待线上和线下的商业行为，推动线上和线下业务的协同发展，严禁各级人民政府及其相关部门实施具有歧视性质的政策法规。同时，政府严禁滥用行政权力消除或限制市场竞争。国家致力于确保电子商务交易环境的安全性，全面保护网络消费者信息，鼓励网络交易数据共享流动，并通过合法有序地管理网络数据，以实现数据利用的最大化。

3. 行业自律和市场共治原则

电子商务行业组织和电子商务经营主体应当加强行业自律，建立健全行业规范和网络规范，引导本行业经营者公平竞争，推动行业诚信建设。国家鼓励、支持和引导电子商务行业组织、电子商务经营主体和消费者共同参与电子商务市场治理。

第三节　电信法

一、电信和电信产业

（一）电信

信息交流是文明社会的重要行为方式。信息传递有多种方式，烽烟、鸽子送信、图书、面谈、手语、邮递等都是人类曾经使用过的或正在使用的方式。电信则是其中之一，也是迄今为止最快捷、最安全、最普及、最适于远距离信息传递的方式。信息的生产、存储、发送和利用离不开电信技术的支持，电信已经成为克服时间和距离障碍的重要的信息传播方式，是当今社会信息交流最主要的方式。在克服距离障碍方面，电信是无可替代的最广泛使用的现代通信工具，如有线电话和无线电话、传真、无线电广播、电视、互联网络；在克服时间障碍方面，电信传播也已经到与书籍、报纸和期刊分庭抗礼的程度。

电信有广义和狭义之分。广义的电信指以电磁方式传递或接收信号的通讯方式，包括广播、电视、电话、互联网等各种使用电磁方式的通讯手段。狭义的是指利用有线、无线的电磁系统或者光电系统，传送、发布或者接收语音、文字、数据、图像以及其他任何形式信息的活动。

（二）电信产业

电信产业（Telecommunication Industry）是提供电信服务的整个商业链条，包括广播、电信、有线电视、计算机、数据传输、软件、编程、短信息服务以及电子产业。与传统工业产业相比，电信产业具有以下特点：

1. 外部性

即与信息价值随知悉人数增加而减少如商业秘密等相反，信息传播工具的使用价值随使用人数的增加而增加，这也是信息传播工具兼容性需求的原因。

2. 自然垄断性

这是指电信产业中的网络、码号、路权和无线电频率等资源的垄断性。由于网络建设的沉淀资本巨大、市政道路开挖规划限制、无线电频率和卫星轨道资源的稀缺等原因，决定了基础电信业务适于垄断或寡头经营。但随着电信技术的发展，自然垄断性外延已经很小，仅限于与网络、频率、卫星轨道、码号等稀缺资源密切关联的电信业务。

3. 边际成本递减性

虽然电信基础设施投资巨大，但其边际成本趋于零。例如，在已经开通了100万部电话的网络中，如果再增加一个电话，则增加的成本可以忽略不计。

4. 标准化和规范化

电信的标准化表现在技术和服务两个层面。技术层面，使用电信技术有效传播信息的前提是编码和解码的严格对应，收信方对于收到的电磁代码必须运用与发信方相逆的算法破译，才能获得电磁码中携带的有用信息。电信服务规范：一是指电信行业管理的规范化，包括行业准入、价格管制、信息安全和同业竞争等规范；二是电信服务者与使用人之间关系的规范化。

二、电信法

（一）电信法的含义和特征

电信法是电信市场法的简称，是规范电信经营行为，调整电信市场法律关系的法律规范总和。我国当前电信法主要由《中华人民共和国电信条例》《外商投资电信企业管理规定》《公用电信网间互联管理规定》和《电信建设管理办法》等行政法规和部门规章构成。

电信市场的然垄断性、信息不对称、市场的盲目性等原因决定了电信产业具有管制性特征，也决定了电信法的技术性和管制性特征。

1. 技术性

电信业尤其是基础电信业属于资本密集型的高科技产业，需要全程全网、联合作业，需要技术标准统一、网络接口一致和兼容，而且固定通信、移动通信、卫星通信等，有赖于相应的技术资源和自然资源，如电信码号、无线电频率、卫星轨道位置等。在一定技术条件，这些资源都是有限或稀缺的。

2. 管制性

管制性，包括对基础运营商和增值运营商的管制。

首先，由于基础运营商具有自然垄断性，因此，电信法首先要对基础运营环节进行管制，包括稀缺资源使用权的出让（如频谱使用）、资格准入、企业经营过程中的信息上报（如财务报表上报）、重要企业行为（如收购、分拆、企业联合）和重要合同条款（如资费）等。

其次，由于基础运营商也在使用稀缺资源经营增值业务，基础运营商通常不会充分满足增值运营商的接入和互联互通请求，甚至采用各种措施限制竞争，以保证自经营业务优势。例如，收取高额网间互联费；增加网间阻塞，降低通话质量；拒绝提供足够容量或网络元素；

最后，基于消费者权益、社会公共利益和电信市场秩序等原因，对增值运营商的管制也是电信法主要内容之一。管制方式主要是维护信息安全、建立技术和服务标准。

（二）电信法主要内容

电信法主内容包括：电信市场准入制度；电信网间互联互通制度；电信资源分配制度；电信业务资费制度；电信普遍服务和用户权益保护制度；电信设施建设与保护制度；电信标准与设备进网制度；电信网络与信息安全制度；应急通信保障和通信管制制度；监管部门监督检查制度和法律责任等。

第四节　旅游法

一、旅游和旅游法

（一）旅游和旅游业

旅游是旅行游览的简称，包括吃、住、行、源、购、娱等要素。根据不同标准，有多种旅游形式。

1. 按旅游者目的地的范围

可分为本地旅游和外地旅游、国际旅游和国内旅游。

2. 按旅游者出游的目的

可分为以下六类：①休闲、娱乐、度假旅游；②探亲访友旅游；③商务旅游；④健康医疗旅游；⑤宗教旅游；⑥其他旅游；

3. 按旅行社组织的人数和方式

可分为团队旅游和散客旅游。

此外，还有旅游者自行组织的自助旅游和互助旅游等旅游形式。

旅游古已有之。早期旅游只是少数特权阶层的一种享乐方式，而且受交通等条件的制约，旅游的内容和范围都非常有限，未形成一种新的产业。随着生产力水平的提高和经济增长，旅游逐渐成为人的一种经常性的消费活动。

旅游业是指利用旅游资源和设施，直接或者间接从事招徕、接待旅游者，为旅游者提供交通、游览、住宿、餐饮、购物、娱乐、信息等服务的综合性产业，是旅游市场的重要组成部分。旅游业属于涉及范围广、消耗资源低、带动系数大、创造就业多、综合效益好的服务性产业，对促进经济社会发展和人的全面发展其有举足轻重的作用，有人将其归纳为无烟卤工业、无校舍教育、无广告宣传、无会场外交。

我国有若非常丰富的旅游资源，是发展旅游产业的重要基础。改革开放以来，旅游业从小到大、由弱变强，实现了历史性跨越发展。旅游业的跨越发展，极大地拉动了我国经济增长，推动 r 经济结构调整，增加了劳动就业，扩大了消费需求，带动了旅游资源保护和开发利用，促进了区域城乡协调和社会事业发展，丰富了居民的精神文化生活，增进了中国人民与世界各国人民的相互了解和友谊。

（二）旅游法

旅游法是旅游市场法的简称，有广义和狭义之分。狭义的旅游法是指《中华人民共和国旅游法》，广义的旅游法是指所有规范旅游服务和旅游行为的法律规范，包括《中华人民共和国旅游法》《旅行社条例》等在内的所有关于旅游的法律法规和行政规章。

我国旅游法具有以下特点：

1. 旅游法是规范旅游市场，维护旅游市场秩序的法

旅游市场和其他市场一样，存在着不正当竞争等各种危害市场秩序的现象，严重损害旅游者和经营者的合法权益旅游法的一个更要目的就是通过规范旅游经营行为，建立和改进与旅游相关行业管理的协调机制，为实现旅游业持续健康发展创造良好的法制环境。

2. 旅游法是综合法

旅游法包括旅游发展促进措施、旅游者权益、旅游业可持续发展、统一的市场规则和规范的权利义务关系、建立国家旅游发展协调机制等内容，具有很强的综合性。

3. 旅游法是保障旅游消费者权益法

旅游法中不但规定了旅游者的合法权利，而且有许多关于旅游经营者的强制性或禁止性规定。保障旅游者的合法权益是旅游法的一条主线。

4. 旅游法是旅游市场监管法

其赋予政府相关部门监管旅游经营行为，规范旅游市场的措施和手段。

二、旅游者权利和义务

（一）旅游者权利

旅游者有权自主选择旅游产品和服务，有权拒绝旅游经营者的强制交易行为；
旅游者有权知悉其购买的旅游产品和服务的真实情况；
旅游者有权要求旅游经营者按照约定提供产品和服务；
旅游者的人格尊严、民族风俗习惯和宗教信仰应当得到尊重；

残疾人、老年人、未成年人等旅游者在旅游活动中依照法律、法规和有关规定享受便利和优惠；

旅游者在人身、财产安全遇有危险时，有请求救助和保护的权利；

旅游者人身、财产受到侵害的，有依法获得赔偿的权利。

（二）旅游者的义务

旅游者需恪守社会公共秩序及公德，尊重地习俗、文化及其宗教信仰，珍视旅游资源，维护生态环境，遵循行为准则；

在旅游纠纷处理过程中，不可侵犯当地居民权益，不得影响他人行程，损害旅游业者和从业者权益；购买或接受旅服务前应向旅游业者提供真实个人健康状况，并遵循旅游安全警示；对于国家针对紧急情况的临时旅行限制措施，以及政府、机构或服务业者制定的安全防御和应急处置方案，旅游者应积极配合。若违背这些指示，将依法承担相应责任；出境旅游者需确保在国外期间不会非法居留；跟随团队的旅游者不得擅自离队。入境旅游者需确认在国内不出现非法滞留现象，跟随团队的游客同样不能私自分离队伍；

第五节　运输市场法

一、运输含义和特征

运输是使用一定的工具和设备，实现人、动物或者货物从一个地点转移到另一个地点的活动。人类的出行、迁徙活动，以及商品的生产、交换、分配、消费，都和运输息息相关。从整个人类历史来看，运输的方式、质量随着生产力水平的提升而改善。

运输有以下特征：

（一）运输活动依赖于运输工具和运输基础设施

无论是何种运输方式，首先要依赖人、牲畜、车辆、船舶、火车、飞机等运输工具，其次必须依赖道路、铁路、水道、运河、管道等运输设施，以及机场、火车站、公共汽车站、仓库、加油站等终端设施。运输的质量与运输基础设施具有密切联系。

（二）运输实现人和物之位移

既包括特定区域内的位移活动，也包括跨特定区域的位移活动。运输实行位移的范围是多样的，在涉及跨特定区域的位移时，该运输会额外受到跨区域特定规则的约束

（三）运输是一种服务

运输产品体现为无形的服务，而非具有物理形态的货物。它只改变运输对象的空间位置，并不创造新的实体产品。

（四）运输结果具有同一性

无论选择何种运输方式，运输的结果都是一致的，就是实现了人和物的位移。因而，在不同的情况下，不同运输方式存在不同程度的可替代性。

二、运输的种类

运输可以从以下几个方面进行分类：

（一）从运输方式来看

运输可以分为人力运输、畜力运输、铁路运输、公路运输、水上运输、航空运输、电缆运输和管道运输等。

（二）从运输对象来看

运输可以分为旅客运输和货物运输。

（三）从运输的性质来看

运输可以分为公共运输和私人运输。

（四）从运输的地域范围来看

运输可以分为国内运输和国际运输。

三、运输市场法

（一）运输市场

定期运输市场、不定期运输市场等。

（二）运输市场法

运输市场法系指用以约束乃至调整运输市场各参与方行为的法规总集，乃各级政府监督管理运输市场之主要法律依据，属于市场规制法体系中关键组成部分。其中运输市场各方包括运输提供者、中间商及需求方。

在我国运输市场法律框架内，主要包含《中华人民共和国铁路法》、《中华人民共和国民用航空法》、《中华人民共和国石油天然气管道保护法》、《中华人民共和国道路运输条例》与《国内水路运输管理条例》等多部法律及行政法规，同时已由政府机构制定并发布相应的部门规章。

除了专注于运输行业的法律规范外，诸如反垄断法、反不正当竞争法、消费者权益保护法、税法以及价格法等通用市场规制法律也能有效制约运输业发展。因此，运输市场的参与者们需严格遵守运输特种法律之要求，同时也要按照市场经济基本原则遵从其他相关法律法规，且接受来自相关管理部门的严密监管。

第七章　财政税收与劳动社会保障

第一节　财政法

财政法包含了税法，被统称为财政税收法并简称为财税法。它是调整国家财政收支平衡的整体性法律法规体系。其中，狭义财政法则排除税法，主要涉及预算、国债和财政支出等内容的法制规范。作为经济法的一部分，财政法参与实现国家宏观调控政策，调节社会分配，驱动经济可持续增长与构建和谐社会等任务中发挥着关键作用。

一、财政的含义

财政在英语中称为 public finance（finance 一词的含义有许多，可以译为金融、财务、资金等），也称为公共财政。所谓公共财政，是指为满足社会公共需要而构建的政府收支活动模式或财政运行机制。财政的公共性要求政府的一切收入和一切支出都应当以社会公共需要为出发点和归宿，体现社会的共同意志。财政，是一个经济范畴，它是国家为了实现其职能而参与社会产品的分配和再分配的活动。

（一）国家分配论

税收乃是国家行使其政治权力，强行获取部分社会产品的流程，进而在社会全体层面进行统一调配使用，即部分社会产品由私人所有变为集体所有的措施。

"国家分配论"则主要通过分析价值及剩余价值的生产与分配状况来解读财政税收问题。此理论主张生产进程即是价值产出阶段，之后应经历一系列分配与再分配过程以明确所有权及占有权之具体份额。税收便是国家在此阶段参与价值分配的一种特别手段。然而，税收分配并不涉及整个社会产品，仅针对剩余产品或剩余价值。

该理论认为，财政与国家相辅相成，两者共存共亡；财政分配的主导者乃国家（由中央政府代表），分配对象涵盖了社会产品或国民收入（形式可为劳役、物资、货币等）；分配目标旨在维持国家统治功能（主要围绕阶级统治展开）；分配实施则具有强制性及无偿性特征。这些观念在现实生活中皆得到了一定程度的印证。

然而，国度作为大型组织，其职责远不止于统治、维持秩序与安全，还包括提供社会服务，保障国民生存与发展，以及推进社会文明进步等。现代民主国家里，地方政府与中央政府皆为财政收支的主角，全球各国均在积极寻找实现中央与地方科学、理性的财政收支划分方法，将公共财政理念发扬光大。此外，财政目标呈现多元化趋势，财政收支活动亦未必都具备强制性与无偿性特征，如公债、国有资产运营等实践皆在某种程度上颠覆了原有的财政收支活动强制性、无偿性、非营利性的前提。

（二）公共财政论

公共财政论认为，财政的职能应该界定在市场失灵的范围内。在市场机制能够完全解决好的领域，政府就没必要再介入，只有当市场失灵时，政府才可以通过财政等手段介入其中。可以说，界定财政的职能就是确定政府职能范围的大小。根据通说，财政的职能主要有三：

第一，资源配置职能。鉴于公共物品天然具备的非竞争性、不可分割性以及非排他性的特性，使得它们无法通过市场机制由私人企业供应，这就是休谟早在1740年就提及并预知的"公共悲剧"。另一方面，公共物品和准公共物品，如环境污染的整治与教育卫生事业的发展等，其外部效益不仅仅影响到当前生活于其中的人们及获得良好服务的个体，更是社会文明进步的具体体现。然而，若缺乏国家财政支持，这些公共和准公共物品的供给难以维系。为此，必需通过政府主导的财政策略，优化配置资源，提高整体效益。

第二，收入分配职能。市场经济中的初次分配因受资本及个体能力等因素限制，存在显著分配不公状况，实际需要建立一套能实现公正分配的再分配机制。然而，市场自身无法自行解决再分配难题，唯有依靠财政措施的非市场性质方能解决。因此，政府财政便成为实施再分配的首选方法。鉴于政府具有行使税收的公共性质，该力量允许其深度介入国民收入的分配环节。运用科学合理的税制设计，如征收累积税率的所得税，将资金从高收入群体手中收回，再通过各类形式的转移支付，如医疗保险、住房补贴等，将资金投入到应提高收入的低收入人群手中。

第三，稳定经济运行职能。稳定经济意味着政府利用宏观经济政策和法律工具有针对性地对经济进行干预和调节，旨在实现无失业且无通胀的持续增长，维持经济总规模的平衡状态。在宏观环境下，若总需求超出总供给，政府可实施紧缩性的财政政策减少开支或提高税率或者两者结合运用，从而压抑社会总体需求；反之，倘若总需求小于总供给，政府则可采取扩张性财政政策加大政府投资或给予优惠税收政策鼓励民间投资等方式，以激发并改善社会整体需求。当然，值得注意的是，在此过程中，财政收支不平衡可能出现甚至被视为合理现象，实质上正是政府通过财政收支的调整以达到社会总供求的完全平衡之目的。

(三) 税收交换论

该理论也称为交易说、均等说、利益说或代价说，起源于 18 世纪资本主义经济初期，最初由卢梭提出，后来被法国重农学派所接受，并经过亚当-斯密发展成为英国古典学派的主张。该学说以自由主义的国家观为基础，认为国家和个人是各自独立并且平等的主体，国家的目的是保护国民的人身和财产安全，而国民因国家的活动得到了利益，理应通过纳税的方式向国家做出回报。因此，税收体现的是国家与国民之间的交换关系，国民承担税负的多少要按照各自从国家那里所得到的利益的大小进行分配，并且与比例税率相联系。

随着公物论的发展，税收交易理论在法律领域中的应用日益受到重视。该理论认为，财政支出对每位纳税人产生的边际效用不同，因此他们应该承担的纳税代价也各不相同。税务是获取这种效用的权衡。为了筹集公共物品的资金，主要手段是向国民征税。这两者之间存在深层次的联系，公物是税收的根源。鉴于税收取决于公物的供应，赋税规模应当随着公物供应量的增加而增加。公物是全民共享的消费品，因此公货的种类和供应量需要准确地响应公众需求和民意。国民有权参与公物的选择和决策，同时也可以担当税收项目和额度的选择者和决策者，这构成了税收征收和财政支出实际上是公共选择的过程。因此，国家与法人、个体之间的税负关系类似于市场自由交换的关系，三者并没有天生不平等。这种理念在经济层面上完美地解答了财政支出与税收征收的等值交换问题，为解析税收缘由提供了坚实的理论基础。

二、财政法的含义

(一) 财政法的概念和基本原则

财政法主要涵盖了调整及协调国家财政收支活动的所有法律规范。这个概念中，财政收支不仅仅是指收入及支出活动中各相关主体间的关系，还包括他们在财政收支管理和监督过程中所涉及到的各种关系。在这些关系中，国家（或政府）无疑必定是其中的一方重要主体。

财政法是调整和规范国家财政收支活动的所有法律规范的集合。这些法律规范不仅涉及收入和支出活动中的各相关主体之间的关系，还包括在财政收支管理和监督过程中所涉及的各种关系。在这些关系中，国家（或政府）作为一方重要主体，发挥着不可或缺的作用。

随着财政活动的日益复杂化，对财政法的研究也在不断深化，财政法的规则、体制和机制日益丰富并趋于完整。因此，探究财政法的核心原则成为了一项重要任务。我们应该明确，财政法的原则是财政立法、执行、司法和遵守活动的根本指引，是所有财政活动都必须遵循的基础性法律规范。

关于财政法基本原则的诠释，存在不同的观点。部分学者主张共有四点：保全公共需求原则、宏观调控原则、社会福利原则以及收支平衡原则。另一部分学者则将其主要概括为三点：财政民主原则、财政法定原则以及财政公平原则。此外，在财政法体系中还有诸多特定原则，例如在预算法中，公开性原则和统一性原则发挥着关键性的引导作用，而在税法则适用比例原则等特殊原则。

（二）财政法的地位和体系

财政法在法律体系中的地位被定义为其在法律体系中所处的位置，有部分学者持有观点认为，财政法起初被视为行政法的附属部分，主要讨论的问题是有关国家机构依法履行职责的组织和执行活动，因而它属于行政管理领域。然而，伴随国家职能范围的扩展，国家越来越多地使用财政工具和策略来纠正市场失灵并促进经济可持续增长、调整收入分配公平以及消除贫困等宏观调控目标。在此背景下，有关国家运用财政政策和工具来调整经济的法律，应被纳入经济法领域，传统常规性的财政管理及其相关法律依然属于国家行政管理及其相应的行政法管辖。然而，实际情况中很难准确区分哪些法律文件包含经济法要素以及哪些属于行政法元素，因此没有必要强行细分财政法律文件，财政法专家亦无需将财政法硬性归入任何特定法定领域。

财政法在法律体系中的地位是指其在法律体系中的位置。有部分学者认为，财政法最初被认为是行政法的附属部分，主要关注国家机构依法履行职责的组织和执行活动，因此属于行政管理领域。然而，随着国家职能范围的扩大，国家越来越多地使用财政工具和策略来纠正市场失灵、促进经济可持续增长、调整收入分配公平以及消除贫困等宏观调控目标。因此，有关国家运用财政政策和工具来调整经济的法律应被纳入经济法领域。传统常规性的财政管理及其相关法律依然属于国家行政管理及其相应的行政法管辖。然而，实际上很难准确区分哪些法律文件包含经济法要素以及哪些属于行政法元素，因此没有必要强行细分财政法律文件。财政法专家亦无需将财政法硬性归入任何特定法定领域。

当前，普遍认为财政法具有极其重要的地位，位列宏观调控法之首，更是关键的经济法科目。经济法是国家为了公共的、长久的、集体的利益而介入经济活动的核心手段，而财政法在经济法的调整对象、目的及本质等方面与之类似。但是，财政法的焦点又独特于竞争法、消费者法和金融法等其他经济法范畴。因此，财政法与经济法之间的关系是既复杂又微妙的，既具有特性又存在共通性，既具有特殊性又具有普遍性。

尽管中国尚未形成详尽的财政法典，缺乏财政基本法律、适应分税制的财政体制法规以及国债和转移支付相关的立法，但已经公布实施了预算和税收法律规章。这种体系的灵活开放，使其得以不断创新发展。

广义的财政法主要由预算法、税法、国债法、转移支付法以及政府投资法组成。其中，税法和国债法主要关注财政收入领域，而转移支付法和政府投资法则更注重财政支出范畴。预算法不仅规制财政支出关系，还调节财政收入关联。然而，狭义的财政法则排除了税法因素。这是因为税收对预算和财政支出具有核心影响力，并且税法在调整目标、方式、理念、细节等方面与其他财政法分支存在显著区别。实际上，财政部门和税务部门是两个相互独立的机构。

第二节 税收法

一、税收与税法

（一）税收的概念、特征

税收是国家为了实现其职能的需要，按照法律规定强制地向纳税人无偿征收货币或实物所形成的分配关系。

税收的特征：

1. 强制性

税收依赖于国家的政治权威，且具有法律上的强制性，并不以纳税人的主观意愿为征税依据。政府通过税法制定并授予代表其行使税收权力的机构征税权，纳税人则有义务遵守税法规定并按期足额缴纳税款。

2. 无偿性

国家向纳税人征税不以支付任何对价为前提。税收将纳税人所有的部分财产转移给国家所有，形成国家财政收入，纳税人纳税后并未得到任何报酬。

（3）固定性

国家在征税之前，就以法律的形式规定了纳税人、征税对象以及税率等基本课税要素，税务机关和纳税人都必须遵守税法的规定。

税与费有什么区别？

一是征收主体不同。各级税务机关、海关等征收的一般是税；由其他机关、单位收取的一般是费。

二是无偿性不同。无偿征收的是税；有偿征收的是费。

三是专款专用要求不同。税款一般是由税务机关征收以后，统一上缴国库，纳入国家预算，由国家通过预算统一支出，不采取专款专用的原则；而收费则不同，一般具有专款专用的性质。

（二）税法的概念和基本原则

1. 税法的概念和调整对象

税法是调整税收关系的法律规范的总称。

税收关系是税法的调整对象，包括税收分配关系和税收征收管理关系。

（1）税收分配关系

税法规制的核心在于，决定税收制度、款项、征收目的、课税主体、税率及优惠政策等，以调整国家与纳税者之间、中央与地方间的实质性利益分配冲突。我国存在两类税收分配关系：一为主权国家与小型企业或个人之间的税收关系；二为中央政府与地方政府之间及其各级地方政府间的税收权益划分。

（2）税收征收管理关系

税收征管，即由国家税务机关展开的一系列对税收活动的指导、组织、管理、监控与检查工作。它包含四种主要的法律关系：税务行政管理、税款征收过程、税务检查及税务稽查关系。

2. 税法的基本原则

（1）税收法定原则

这是税法的最高原则，纳税人、征税客体、计税依据、税率、税收优惠等课税要素必须且只能由立法机关在法律中加以规定，征纳税程序必须由法律明确规定，执法机关不能擅自修改课税要素、征税程序，税收稽征机关无权开征、停征、减免、退补税收，依法征税既是其职权也是其职责。

（2）税收公平合理原则

税收负担的分配，对于纳税人应当公平、合理，妆能纳税。

（3）税收效率原则

通过税收分配活动促使资源合理有效地优化配置，最大限度地促进经济的发展，或者最大限度地减轻税收对经济发展的妨碍。

税收与税法的关系：税法是国家与纳税单位和个人的税收权利义务关系；税收是国家与纳税人之间的经济利益分配关系。税法是税收的法律表现形式，税收则是税法所确定的具体内容。税法与税收相互依赖，不可分割。

二、税法的分类

（一）按照税收立法权限或者法律效力的不同

可分为税收的宪法性规范、税收法律、税收行政法规、地方性税收法规和国际税收协定。

（二）按照调整对象不同

分为税收实体法、税收程序法。

税收实体法是规定税收征管过程中征、纳双方主体的实体权利义务内容的税收法律规范。税收程序法是以税收征管过程中以税收征收管理程序关系为调整对象的税收法律规范。

（三）按照是否具有涉外因素

分为对内税法和涉外税法。

（四）按照征税对象性质的不同

税法则可依其特性划分为流转税法、收益税法、财产税法、行为税及特定目的税法以及资源税法；而在我国的税制框架中，税收实体法主要是以征税对象为依据进行构建的，涵盖了流转税法、所得税法、财产税法、行为税与特定目的税法、资源税法等。

三、税法的构成要素

税法的构成要素，即税法的结构，是各种单，行税法的基本构成要素。税法的构成要素包括征税人、纳税人、征税对象、税目、税率、计税依据、纳税环节、纳税期限、纳税地点、减免税和法律责任。其中纳税人、征税对象和税率是构成税法的三个最基本的要素。

（一）征税人、纳税人

征税人又称征税主体，是指代表国家行使税收征管职权的各级税务机关和K他征收机关。纳税人又称纳税义务人，是指税法规定负有纳税义务的社会组织和个人。

负税人是指实际或最终承担税款的单位和个人。在同一税种中，纳税人与负税人可以是一致的，也可以是不一致的。

扣缴义务人即税法规定负有代扣代缴、代收代缴税款义务的社会组织和个人代扣代缴义务人是指有义务从持有的纳税人收入中扣除纳税人的应纳税款并代为缴纳的单位和个人。代收代缴义务人是指有义务借助经济往来关系向纳税人收取应纳税款并代为缴纳的单位和个人。

（二）征税对象（征税客体）

征税对象是征税主体、纳税主体的权利义务所共同指向的对象，即对什么征税。征税对象是区分不同税种的主要标志。征税对象主要有流转额、所得额或收益额、财产、行为等，相应地有流转税、所得税、财产税和行为税等。

163

1. 征税对象同税源、计税依据的关系

征税对象作为税收征收之依据，与税源密不可分，即乃纳税人货币收入之谓也。然而二者并非恒为一致，如各类型的所得税通常保持一致，而消费税及房产税等则有所不同。

计税依据简称税基，系由税制所确立用以计算各类应缴纳税款之基准或者标准。其与征税对象的关系如下：征税对象是明确应当被征税的内容，而计税依据则是在此基础上，对征税对象进行具体计算并决定应缴纳何种税款之依据或标准。征税对象主要规定征税标的物的品质特性，计税依据则关注税物体量形态，体现征税对象的物理数量。部分税种，例如消费税、营业税等，其征税对象与其计税依据保持统一；另一些税种则存在差异，计税依据仅为征税对象的一部分，例如企业所得税的征税对象是所有纳税人的总收益，而计税依据则是从总收益中扣除一定额度后得出的余数。计税依据可分为从价计税以及从量计税两大种类。

2. 税目

税目是在征税对象范围内规定的具体的征税类别或项目，是征税对象的具体化。例如，现行税制中的消费税、营业税等就采取了规定税目的办法。

（三）税率

适应税款与征税标的物或计税基数间之比值，为确定税额的标准，象征着税收涉及的严谨度；另一方面，这亦是评估国家合理税收负担的关键。税率乃税法规则中的核心元素。实践中，税率大致可以划分为两大类型：一为借助绝对数值形式规定的固定征税额度，即定率税率或静定税率，此种税率适用于从量计征的现行；二为利用相对数额形式规定的征税比例，主要包含比例税率和递增税率两类，适合于从价计征及所得赋税领域。递增税率主要被收入赋税所采纳。

1. 比例税率

比例税率是对同一征税对象，不论数额多少，都适用同一比率计征。比例税率计算简便，税负相同。该税率是税负横向公平的重要体现。但该税率具有累退性，收入越高的纳税人其相对税负则越轻。

2. 累进税率

累进税率是一种多层次的税率，其具体形式是将课税对象按数额大小划分为若干等

级，对不同等级规定由低到高的不同税率，包括最低税率、最高税率和若干级次的中间税率。累进税率能体现低能负担原则，体现了税收负担的纵向公平问题。

累进税率分为全额累进税率和超额累进税率。全额累进税率是指纳税人的全部课税对象都按照与之相应的那一级的税率计算应纳税额。超额累进税率是指把纳税人的全部课税对象按规定划分为若干等级，每一等级分别采用不同的税率，分别计算税款。

超额累进税率是依据征税对象数额的不同等级部分，按照规定的每个等级的适用税率计征。征税对象数额增加，需提高一级税率时，只对增加数额按提高一级税率计征税额。每一等级设计一个税率，分别计算税额，各等级计算出来的税额之和就是应纳税额。

3. 定额税率

定额税率即固定征税款率，按照征收对象的计单位直接划定固定税款额。计征单位可能包括质量、数量、面积或体积等自然度量标准。采用定额税率时，税款金额仅与征税对象数量相关而与价值无关。

（四）纳税环节、纳税期限和纳税地点

纳税环节是指应税商品在流转过程中应当缴纳税款的环节。它确定一种税在哪个或哪几个环节征收。我国目前对流转税的征收多采用多环节征税。

纳税期限是指纳税人按照税法规定缴纳税款的期限。税法规定纳税人按日、月、季度、纳税年度缴纳税款。此外，税法还规定按次纳税，即按纳税人从事生产经营活动的次数作为纳税期限。

纳税地点是指缴纳税款的地方。纳税地点一般采用属地主义原则，以纳税人所在地、征税对象所在地、应税行为的发生地所在的税务机关为纳税地点。

（五）减免税

减税是对应缴税款进行递减。免税则意味着对应征税额予以全免。而减免税是对纳税人责任的减轻乃至豁免。与之紧密相联的概念包括起征点以及免征额。起征点设定了计税基数达到启动税收的门槛，低于该下限者无需缴税，反之全额征收。至于免征额，是基于固定基准从总计税基数中提前扣除的数额。免征额金额内不征收税款，超出部分则需征税。值得注意的是，加征也被称为加成，指先根据法定税率计算出应纳税款后，再额外征收一定比例的款项。此处的加成不同于附加，后者是在正税基础

上另加收一定比率的税款。

（六）税务争议与税收法律责任

税务争议，系指征纳双方之间由于落实或者确立税法关系而引发的纷争。税收法律责任则是指在税收法律关系中违反税法规则需承担的相应后果，具体分为经济、刑事及行政三类。

四、流转税法

（一）流转税与流转税法概述

流转税采用涵盖商品及服务的流转额作为课税客体，其税收来源较为广泛，在我国主要税种中占据重要地位。流转过程中的价格波动以及销售额变动皆可对国家流转税收产生影响。流转税属间接税制，其纳税人与实际负税人可能出现分离现象。现阶段，流转税主要包括增值税、消费税、营业税和关税等。

（二）增值税

增值税是对销售货物、进口货物、提供加工、修理修配劳务过程中实现的增值额征收的一种税。

1. 纳税义务人

在中华人民共和国境内销售货物或者提供加工、修理修配劳务以及进口货物的单位和个人，为增值税的纳税义务人。企业租赁或承包给他人经营的，以承租人或承包人为纳税人。

依据纳税人的经营规模及会计核算健全与否，增值税纳税人可以分为一般纳税人和小规模纳税人。对小规模纳税人的确认，由主管税务机关依税法规定的标准认定。

2. 征税对象

增值税纳税主体涉及到：商品销售活动，建设工程服务，电信服务，加工、修理修配劳务以及金融服务等多个领域。其中关于"货物"应解释为有实物形态的、能移动的动产，包括电能、热能、压缩气体等都是其中之一。贸易中常见的"加工"则是指在经受委托后对货物的制作过程，受托方会按照委托方的需求来进行货物组装，同时收取加工费用。而"修理修配"则指的是对损坏或丧失功能的货物进行修复，使得它们能够还原到原有状态并恢复功能的特殊服务项目。此外，对于银器销售行为、典当行业中出售死亡资产的交易，以及寄售企业促成的物品或货物期货交易也都属于增值税的征收范围内。

3. 税率

（1）货物及劳务普遍适用17%税率。在货物销售或进口，以及加工、修理修配等方面，除非税务法律另行规定外，皆使用该比例税率。

（2）特殊商品使用13%税率：指在销售或进口以下货物时，适用此较低税率，包括：粮食、食用油类；饮水、取暖制冷设施、煤气、气体燃料、石油衍生品、沼气、居民燃煤制品；书籍、期刊；饲养、化肥、农药、农业机械、塑料膜等；由国务院批准的其他商品。

（3）出口商品税率为零，但国务院另设置除外情况。

（4）小型经营体销售货物或支付劳务的征收率定为6%，商业性单位则为4%。

（5）涉及增值税的免税、减税项目需经国务院批准。在特定条件下，如农业生产者销售的自产农产品、避孕药具、古旧图书、科研实验室器材、外国援助设备、来料加工器材、专门供残疾人使用器械等可以享受免税政策，对着这些情况，需要分别本部销售额进行处理。

（6）如果经营者同时经营具有不同税率的商品或服务，那么他们应该按照各自类别进行销售额管理。销售收入没有区分的，须按最高税率计税。对免税、减税服务也要按照独立个体分别核算。如果没有依法进行销售额准备的，将不被允许免税、减税。

4. 增值税专用发票

增值税专用发票不仅是商事凭证，而且是购货方进项税额的法定扣税凭证，具有十分重要的地位。专用发票只限于增值税的一般纳税人领购使用，小规模纳税人和非增值税纳税人不得领购使用。专用发票的开具和保管税法都有明确的规定，纳税人应当遵照执行。

（三）消费税

消费税是对部分最终消费品和消费行为的流转额征收的一种税。消费税的征收体现国家的消费政策，其征收范围具有选择性，税率具有差别性，能充分发挥特殊调节作用，是增值税普遍调节的补充。

1. 纳税义务人

在中华人民共和国国境内生产、委托加工和进口应税消费品（不包括金银首饰）的单位和个人，为消费税的纳税义务人。金银首饰消费税的纳税人是在我国境内从事商业零售金银首饰的单位和个人。委托加工应税消费品的，委托加工的单位和个人为纳税人，由受托方代收代缴消费税。

2. 征税对象

消费税的征税对象是有选择的，消费税税目、税率（税额）的调整，由国务院根据经济发展情况和消费结构的变化来决定。经国务院批准，财政部、国家税务总局对消费税税目、税率及相关政策进行调整。

3. 税率

消费税的税率采用比例税率和定额税率相结合的形式。黄酒、啤酒、成品油采用定额税率、从量征收；其他消费品采用比例税率、从价征收。

纳税人兼营不同税率的应税消费品，应当分别核算不同税率应税消费品的销售额、销售数量；未分别核算销售额、销售数量的，从高适用税率。纳税人将不同税率的应税消费品组成成套消费品销售的，从高适用税率。

（四）营业税

营业税是以纳税人提供劳务、转让无形资产或销售不动产的营业额、转让额或销售额为征税对象的一种流转税，营业税征收范围较广，税率差别不大，税赋均衡，目前是我国地方税收收入的主要来源。

1. 纳税义务人

在中华人民共和国境内提供营业税应税劳务、转让无形资产或者销售不动产的单位和个人，为营业税的纳税义务人。

所谓在中华人民共和国境内提供应税劳务、转让无形资产或者销售不动产，是指：（1）所提供的劳务发生在境内；（2）在境内载运旅客或货物出境；（3）在境内组织旅客出境旅游；（4）所转让的无形资产在境内使用；（5）所销售的不动产在境内；（6）境内保险机构提供的保险劳务，但境内保险机构为出口货物提供保险除外；（7）境外保险机构以在境内的物品为标的提供的保险劳务。

为了便于营业税的征收管理，税法规定了营业税的扣缴义务人，具体有：

委托贷款的贷款发放机构需担任扣费责任方；

建筑安装工程如实行分包或转包，则总承包师须承担扣费责任；

若外国或个人在国内进行应税行为且无经营代理人，纳税义务将委托给代理人承担；若无代理人，则将由受让者或买方承担此责任；

单位或个人演出现场运用他人售票系统，涉税款项由售票员负责扣除；

演出经纪人为自然人，其演出业务的税务扣费责任由售票员承担；

再保险业务中，初次给付保险的被保险人为扣缴义务人；

个人转让无形资产（专利权、非专利技术、商标权、著作权、商誉等）的负担税负，由受让者负担并负责扣除应缴税款。

2. 征税对象

营业税以九大行业类别作为征税对象，这九个税目涵盖了交通运输、建筑施工、金融保险、邮电通信、文化体育、文化娱乐、服务产业以及转让和销售无形资产和不动产等领域。此外，单位或个人建设并出售自有建筑物，其自建行为可被视为提供应税劳务；而对于将财产擅自赠予他人的行为，也同样被视作销售不动产，需要缴纳相应的税费。

若销售过程中同时涉及应税劳务和货物，则属于混合销售行为。尤其针对从事货物生产、批发或零售业务的企业及其附属单位，此类行为将被视为销售货物性质，无需缴纳营业税；而对于其他单位和个人而言，他们的混合销售行为将会被视作提供应税劳务，必须要交纳营业税。

若纳税人所经营的应税劳务、货物和非应税劳务无法通过单独划分或者精确核算来进行核算，那么这些应税劳务、货物将会与非应税劳务合并入增值税范围内，而不再进行营业税计算。

3. 税率

营业税实行比例税率。分为三档：交通运输业、建筑业、邮电通信业、文化体育业税率为3%；金融保险业、服务业、转让无形资产、销售不动产税率为5%；娱乐业税率为20%。

纳税人兼有不同税目应税行为的，应当分别核算不同税目的营业额、转让额、销售额；未分别核算的，从高适用税率。

4. 营业税应纳税额的计算

纳税人提供应税劳务、转让无形资产或者销售不动产，按照营业额和规定的税率计算应纳税额。应纳税额的计算公式为：

应纳税额＝营业额×税率

纳税人的营业额为纳税人提供应税劳务、转让无形资产或者销售不动产向对方收取的全部价款和价外费用，但税法另有规定的除外。价外费用包括向对方收取的手续费、基金、集资费、代收款项、代垫款项及其他各种性质的价外收费。凡价外费用，无论会计制度规定如何核算，均应并入营业额计算应纳税额。

税法对营业额有特别规定的部分情况如下：

（1）运输企业如从我国境内运输旅客或货物至境外，再改由其他运输企业承运，则营业额应以全程费用减去付给另一家企业的运费为基准计算得出；若运输企业从事联运业务，营业额即为其实际获得的收益。

（2）旅游企业如组织游客至国外旅游并在当地改由其它旅游企业接洽，其营业额应为全程旅游费用减去支付给这些企业的款项后的余额；若在国内组织游览活动，营业额为已收取的旅游费减去替消费者支付的相关费用，比如住宿、餐饮、交通、门票等。

（3）建筑业总承包商将工程外包或转包给他人时，营业额应按照全额承包额减去支付给分包方或转包方的价款后得出。

（4）存贷业务中，存贷差额就是营业额。但需注意的是，将吸收的他人存款或自有资本金用于贷款项目，不能视为存贷业务，所以这部分不能列入计算范围内。

（5）对于各类型金融机构，如银行和非银行金融机构，他们在从事外汇、有价证券、期货交易时，营业额应为卖出价减去买入价之后的差值；而对于普通非金融机构和个人进行此类交易行为，并不需要缴纳营业税。

（6）当单位或个人举办文艺演出时，哪怕是全部票款或包场所得，也必须减去向提供场地的企业、演出公司或经济人支付的相应费用，这样才能得出最终的营业额。

（7）娱乐产业的营业额是所有向顾客收取的服务费用，不仅包括门票，还包括台位费、点歌费、酒水茶点以及其他各种收费。

（8）若纳税人存在自行建设行为、将不动产捐赠于他人，或者销售、供应应税服务及无形资产、不动产价格明显低于市场水平且缺乏合理原因时，主管税务机构有权依据以下顺序核定其营业额：①参照该纳税人当月所提供相同应税服务或销售同类不动产的均值进行核定；②参照该纳税人近期所供应相同应税服务或销售同类不动产的均值进行核定；③具体的计税价格计算方法为：

计税价格＝营业成本或工程成本×（1＋成本利润率）÷（1－营业税税率）

5. 2016 年全面实施"营改增"

"营改增"即营业税改增值税。此举将对公司税负产生影响，如选择简易征收方法，企业税负得以减轻，但运营成本是否攀升尚需观望；若实行一般计税方式，企业税负的升降则取决于进项税的多寡，而此中增量可能源于材料费、设备采购费等生产经营有关的支出。

（1）当前增值税以在我国境内开展货物买卖、提供加工、维修及进口业务的单位和个人所获取的增值额为准，进行税额核算。

（2）营业税则适用于在我国境内提供应税劳务、转让无形资产、出售不动产的企业或个体户，以其获得的营业收入作为税额基础。

（3）增值税与营业税虽皆属税金范畴，但两者包括的征缴对象、范围、依据、细分类别、比率及其征管模式均有差异。

（4）增值税的税率。目前有 17%，13%、11%、6%。小规模纳税人适用征收率 3%。部分特殊情况下货物或者服务适用 0 税率。

（5）营业税的税率。根据不同的经营项目，适用以下税目税率计算征收。

增值税和营业税作为两个独立且不可重叠的税种，彼此之间存在明确区分。具体表现为：缴纳增值税时无需考虑营业税，反之亦然。

征收范围有所差异：凡涉及到销售不动产后提供劳务（剔除加工修理修配过程）或转让无形资产的，均需按规定缴纳营业税；而在销售有形财产、提供加工修理修配服务及部分现代服务业领域中，则需按照增值税标准进行支付。

计税依据有所差异：由于增值税属于价外税范畴，营业税则归为价内税类别。因此，在计算增值税时，应首先将包含税金在内的收入转换为未含税收入，以便准确计算增值税金额。相比之下，计算营业税额时只需简单地将收入乘以税率便可得出结果。

五、所得税法

（一）所得税的概念和特点

所得税是以纳税人的所得额（或收益额）为征税对象而征收的一类税。所得额是指在一定时期内由于生产、经营等取得的货币收入，扣除为取得这些收入所需各种费用后的净额。我国的所得税包括企业所得税、个人所得税两类。

所得税作为一个税类，主要具有以下特点：

1. 征税对象是所得，计税依据是纯所得额

所得税的征税范围主要包括四种类型的所得：①经营所得，又可称为营业利润，涵盖了纳税人在各类生产和经营活动中所获的纯粹收益；②劳务所得，即指自然人因提供劳动所获的酬金；③投资所得，即投资者通过直接或者间接方式投资所获取的股息、利息、红利以及特许权使用费等形式的收益；④资本所得，也可以称之为财产所得，这是纳税人为持有或出售财产所获得的收益。

2. 所得税是直接税

所得税作为典型的直接税，其税负由纳税人直接承担，税负不易转嫁。

3. 比例税率与累进税率并用

所得税比流转税更强调公平，以后能纳税为原则，税率的规定中既有比例税率，又有累进税率。

4. 计税依据的确定复杂

所得税的计税依据是纯所得额，是从总所得额中减去各种法定扣除项目后的余额，由于税法对法定扣除项目的规定较为复杂，因而其计税依据的确定也较为复杂。

（二）企业所得税法

企业所得税是国家以企业和组织在一定期间内的纯所得额为计税依据而征收的一种税。企业的法律形态主要有三种：独资企业、合伙企业和公司企业，我国对独资企业和合伙企业征收个人所得税。

1. 企业所得税的纳税人

公司可细分为居民企业与非居民企业两种类型。前者基于中国法律成立或依照他国法律设立而总部位于我国；后者则依照他国法律设立，但总部不设在我国内，而是在中国境内设有办事处或虽无物理存在，却从我国获取收入。

企业所得税的承担者涵盖了居民纳税人及非居民纳税人这两大类划分。居民纳税人需承担全方位纳税义务，而非居民纳税人仅需承担有限的纳税责任。

2. 征税范围与税收管辖权

企业所得税的征税对象是企业所得；征收范围是我国境内的企业和组织取得的生产经营所得和其他所得。

我国企业所得税的税收管辖权，同时实行居民管辖权和地域管辖权的原则，居民管辖权是指对本国居民来源于本国和外国的，切所得征税，该原则适用于居民纳税人。地域管辖权是指对来源于境内的一切所得征税，而不论取得这笔所得的是本国人还是外国人，该原则适用于非居民纳税人。

3. 企业所得税的税率

根据"简税制、宽税基、低税率、严征管"的原则，我国企业所得税采用比例税率。其中，国内企业税率为25%；对在华设有机构或场所的非居民企业而言，需缴纳来自境内和境外与机构有实际联系的收益所产生的企业所得税，税率同为25%；对于未在华设机构或场所的非居民企业，或者虽设机构但收益无实际关联的，仅需支付源自国内收益产生的企业所得税，适用于20%的税率。

国家为了重点扶持和鼓励发展特定的产业和项目，还规定了两档优惠税率：

（1）符合条件的小型微利企业，按20%的税率征收企业所得税。

（2）国家需要重点扶持的高新技术企业，按15%的税率征收企业所得税。

4. 企业所得税的计税依据和计算

企业所得税的计税依据是应税所得额。应税所得额是指企业每一纳税年度的收入总额，减除不征税收入、免税收入、各项扣除以及允许弥补的以前年度亏损后的余额。其计算公式为：

应税所得额=年收入总额−免税收入−不征税收入−各项扣除项目−允许弥补的以往年度亏损

（1）收入总额的确定

企业以货币形式和非货币形式从各种来源取得的收入，为收入总额。其包括：

①销售货物收入。

②提供劳务收入。

③转让财产收入。有偿转让各类财产取得的收入，包括转让固定资产、有价证券、股权以及其他财产而取得的收入。

④股息、红利等权益性投资收益。

⑤利息收入。

⑥租金收入。

⑦特许权使用费收入。特许权使用费收入是指提供或者转让专利权、非专利技术、商标权、著作权以及其他特许权的使用权而取得的收入。

⑧接受捐赠收入。

⑨其他收人。其他收入是指除上述各项收入以外的一切收入，包括固定资产盘盈收入、罚款收入、因债权人缘故确实无法支付的应付款项、物资及现金的溢余收入等以及其他收入。

（2）免税收入

免税收入是属于企业的应税所得但按照税法规定免征税的收入。其具体规定是：

①国债利息收入。

②符合条件的居民企业之间的股息、红利等权益性投资收益。

③在中国境内设立机构、场所的非居民企业从居民企业取得与该机构、场所有实际联系的股息、红利等权益性投资收益。

④符合条件的非营利组织的收入。

（3）不征税收入

不征税收入是指不属于企业生产经营活动带来的营利，不负有纳税义务所得的收入。其具体包括：

①财政拨款。

②依法收取并纳入财政管理的行政事业性收费、政府性基金。

③国务院规定的其他不征税收入。

（4）准予扣除项目

在计算应税所得额时准予扣除的基本项目有四项，即成本、费用、税金和损失。

①成本，即生产、经营成本，是纳税人为生产、经营商品和提供劳务等所发生的各项直接费用和间接费用。

②费用，即纳税人为生产、经营商品和提供劳务等所发生的销售（经营）费用、管理费用和财务费用。、

③税金，即纳税人按规定缴纳的消费税、营业税、城市维护建设税、资源税、土地增值税。教育费附加，可视同税金。

④损失，即纳税人生产、经营过程中的各项营业外支出，已发生的经营亏损和投资

损失以及其他损失。

准予扣除的具体项目包括：

①企业用于公益事业捐赠之支出，若未超过年度利润总额的12%，均可从应纳税所得额中核减。

②确定应纳税所得额时，企业所计提的固定资产折旧得以确认并予以扣减。

③在应纳税所得额评估过程中，允许企业将按规定计算的无形资产摊销额从中核减。

④应纳税所得额计算期间，企业所产生并作为长期待摊费用核算且在规定年限内摊销的支出可被计入。包括已经充分折旧的固定资产改建支出、租赁固定资产改建支出、固定资产大修支出以及其他应确认为长期待摊费用的支出。

⑤企业在存货使用或销售过程中所计提的成本，如符合规定，将被允许在应纳税所得额计算中予以抠减。

⑥在此程序下，企业出售固定资产时，其净余价值也可以在应纳税所得额处理中去除。

⑦以下两类支出可在计算应纳税所得额时享受额外扣减优惠：开发新型科技、新产品、新工艺所耗用研究开发费用以及为残疾员工和国家鼓励就业岗位招募人员支付工资。

（5）不得扣除的项目

①依照企业所得税法规则，以下款项不可直接从税前利润中扣除：投资者股权赎回金以及相关利息；企业增值税额度；滞纳的税费；主营业务以外的公益捐赠和赞助支出；没有明确定义用途的预备盈余；以及与营收无关的其他耗资。

②在计提所得税之前，下列固定资产不应折旧：尚未投放使用的新增不动产；出租的硬质设备；通过融资性租赁获得的产品；法定折旧期限已经达到但性能稳定的设备；非主营业务的自有财产；经过独立估价后归类为固定资产的土地；以及其他无法计提折旧的固定资产。

③在准备计税所依据的利润时，必须注意无形资产未必能作为费用抵扣：在已有相应计入利润要素中被认可的无形资产；自主研发的品牌形象；与主营业务无关的无形资产；以及其它无法计入费用的无形资产。

明确以上可扣除或不可扣除的范畴，无疑对准确计量应纳所得税具有重要意义。然而，为了最终得到精确的应税所得额，通常还需考量许多复杂因素，甚至可能地涉及其财产断点分离、亏损挂账、税额减免等税收制度。

（6）弥补亏损

企业纳税年度发生的亏损，准予向以后年度结转，用以后年度的所得弥补，但结转年限最长不得超过 5 年。

（7）企业所得税应纳税额的计算

企业应纳税额是指以企业的应纳税所得额乘以适用税率，减除减免和抵免的税额后的余额。其计算公式为：

应纳税额＝应纳税所得额×适用税率－减免和抵免税额

①企业取得的下列所得已在境外缴纳的所得税税额，可以从其当期应纳税额中抵免，抵免限额为该项所得依照本法规定计算的应纳税额；超过抵免限额的部分，可以在以后5个年度内，用每年度抵免限额抵免当年应抵税额后的余额进行抵补：居民企业来源于中国境外的应税所得；非居民企业在中国境内设立机构、场所，取得发生在中国境外但与该机构、场所有实际联系的应税所得。

②居民企业从其直接或者间接控制的外国企业分得的来源于中国境外的股息、红利等权益性投资收益，外国企业在境外实际缴纳的所得税税额中属于该项所得负担的部分，可以作为该居民企业的可抵免境外所得税税额。

5. 企业所得税税收优惠

《企业所得税法》观定的企业所得税的税收优惠方式包括减免税、加计扣除、加速折旧、减计收入、税额抵免等。税收优惠政策以产业优惠为主、区域优惠为辅、兼顾社会进步。

（1）国家对于被充分支持及鼓励的行业和项目实施企业所得税优惠政策。

（2）免税收入相关信息可参考上述应税所得额的认定标准。

（3）以下是企业各项所得可享受的税收豁免或降低待遇：农业、林业、畜牧业和渔业项目所得；国家重点赞助的公共基础设施项目投资经营所得；达到特定要求的环保、节能节水项目所得以及符合条件的技术转让所得。

（4）符合国家重点扶持和鼓励发展的创业投资事项中的经营创投，其投资金额可按固定比例进行应纳税所得额抵销。

（5）因技术进步等因素导致企业固定资产确实需要加快折旧的，可适当缩减折旧年限或采用快速折旧方式。

（6）企业通过综合利用资源、生产符合国家产业政策规定的产品而获得的收入，可在计算应纳税所得额时对该部分收入进行折扣处理。

（7）对于企业专用于环境保护、节能节水、安全生产等方面的专用设备购置投资金额，根据一定比例施行税额抵免政策。

6. 企业所得税的税收征管

（1）公司所得税计算时间为纳税年度，由公历1月1日至12月31日。若企业于中间某一年份开始营业，或结束经营活动导致该年经营期低于12个月，需将此实际经营期限视为该纳税年度进行纳税申报。清算过程中，可将清算期间视作独立的纳税年度。

（2）企业应对其利润进行预缴，且需在每月或每季度结束后的第15天内向财税部门提交纳税申报表及相应税款。此外，企业还需在年度结束后的五个月内完成上一年度的所得税审核与补充税款，提交年报同时附上财务报表等相关材料。

（3）企业若在年中停止经营，需在实际经营终止后60天内向政府部门办理当期所得税汇算清缴。在注销登记前，必须对清算所得进行申报，依法交纳税款。

（4）所得税的缴纳以人民币计价。以非人民币形式核算收益，应换算为人民币计量并缴纳相应税款。

（三）个人所得税法

个人所得税是对个人（自然人）在一定期间取得的各项应税所得所征收的一种税。现行的个人所得税的基本规范是《中华人民共和国个人所得税法》（以下简称《个人所得税法》）。

1. 纳税人

根据税法规定，中国境内获得收入及境外经中国所得者均须为个人所得税纳税人。具体可划分为两类：居民与非居民。居民是指在中国有居所或连续居住超一年的个人，对境内外收入全额征税；非居民则是无中国居所且未达一年期，只针对来自中国的收益进行缴税。对于一次离华超30天或是累计离华超90天的非居民，会被视为非居民纳税义务人，从而负有限纳税责任。

另外，支付所得的单位或者个人是个人所得税的扣缴义务人。扣缴义务人在向个人支付应税款项时，应依税法代扣税款，按时缴库，并专项记载备查。纳税义务人在两处以上取得工资、薪金所得和没有扣缴义务人的，纳税人应当自行申报纳税。

2. 征税对象

个人所得税实行分项课税，具体税目包括：（1）工资、薪金所得；（2）个体工商户的生产、经营所得；（3）对企事业单位承包经营、承租经营所得；（4）劳务报酬所得；

（5）稿酬所得；（6）特许权使用费所得；（7）利息、股息、红利所得；（8）财产租赁所得；（9）财产转让所得；（10）偶然所得；（II）经国务院财政部门确定的其他所得。

3. 税率

个人所得税税率采用多种类型税率形式，不同性质的所得适用不同税率制度：（1）工资、薪金所得，适用7级超额累进税率，税率为3%~45%；（2）个体工商户的生产、经营所得和对企事业单位的承包经营、承租经营所得，适用5级超额累进税率，税率为5%~35%；（3）其他所得，适用比例税率，税率为20%，其中稿酬所得按应纳税额减征30%。

4. 应纳税额的确定

应纳税额依照个税应缴所得税额和所对应的税率核定。具体的应纳税所得额计算方法如下：（1）对于工薪所得，应纳所得税额等于每月收入扣除3,500元的子女教育费用后的余额；（2）个体工商户的经营所得要从年度总收入中减去生产成本、费用及损失；（3）对外商承包、租赁企业所得则是减去总支出；（4）对特定收入项目如劳务报酬、稿酬、特许权使用费以及财产租赁所得，在每次收入低于4,000元时，免征800元个人税收；而超越4,000元部分，税率减至20%；（5）财产转让所得依据收入减去初始投入和合理费用；（6）利息、股息、分红所得，以及偶然从紧用所得和其它各种杂项收入的应纳税所得额定为实际收入金额。

5. 减免规定

现行法规明确规定，以下各类个人所得可免纳个人所得税：（1）由中央直属或地方政府、政府职能机构及军队等部门所授予的在科技、教育、文化、卫生、体育以及环保等领域内的奖励；（2）获得的国债与国家发行的金融债券的利息收入；（3）按照国家政策标准发放的各种补贴、津贴；（4）福利费、抚恤金、救济金；（5）保险赔偿款；（6）退伍军人的转业费、复员费；（7）为干部及员工发放的安家费、退职费、退休工资、离休工资及离休生活补助费；（8）各国驻华使领馆外交代表、领事官员以及其他符合我国法律条例予以豁免税收的人员的所得；（9）根据我国签署并参与的国际条约、协定中注明可享受免税待遇的所得；以及（10）经过国务院财政部门批准的享有免税权的所得。

有下列情形之一的，经批准可以减征个人所得税：（1）残疾、孤老人员和烈属的所得；（2）因严重自然灾害造成重大损失的；（3）经国务院财政部门批准减税的。

6. 个人境外所得已纳税款的扣除

纳税人境外取得的所得，允许在应纳所得税额中抵扣已缴的个人财产税款。然而，抵扣额度不得超过依照中国税收法规所计算的应纳所得税额，即抵扣上限。如果纳税人已在某国或某地区足额缴纳个人财产税，且未超出所在国或地区的抵扣上限，其在华应仅需支付差额部分的税款；否则，多余部分将无法在同一年度内再次抵扣，但可在未来纳税年度内，在该国或地区尚未抵扣的余留额度中弥补，最迟补缴时间为五年。

六、税收征收管理法

（一）税收征收管理法概述

税收征收管理是指税务机关根据法律法规的规定，向纳税人征收税款并进行税务监管的综合措施。这一环节在税务工作中至关重要，是保证正确执行税收政策、维护征纳税双方良好关系的关键所在。只有完善的税收征收管理机制，才能及时、合理且足额地征收应交税款，为国家建设所需的资金投入提供保障；同时，严格的税收征收管理也可以发挥对经济运行的有效监控作用，阻止和纠正各类违反税法行为，从而进一步巩固社会主义经济基础。

（二）税务管理

税务管理是税务机关在办理税务登记、账簿和凭证管理、纳税申报过程中所进行的监督和检查。

1. 税务登记

税务登记是税务机关根据税收法规对纳税人的生产、经营活动进行登记管理的一项基本制度。它是税务机关加强税收监督管理，掌握税源，开展各项税收活动的基础。

按照规定，凡从事生产、经营的纳税人目领取营业执照之日起 30 日内，持有关证件，向税务机关申报办理税务登记。税务机关应当于收到申报的当日办理登记并发给税务登记证。税务登记证件必须按规定使用，不得转借、、涂改、损毁、买卖或者伪造。

2. 账簿和凭证管理

账簿凭证管理作为税务监管的重要环节，涵盖以下几个方面：（1）生产经营主体应依据相关律法和财政部、国家税务总局的要求设立账本，以合法有效凭证记录经营行为；

（2）生产经营主体应将财务及会计政策或办法、专用财务软件报税务官员备案；（3）税务部门作为发票的管理者，负责任票的印制、领取、使用、保留、退还等各项工作；（4）生产经营主体必须依据税务规定，妥善保存账本、凭证、完税证明及其他相关资料，不得有任何形式的篡改、损坏等等。发票管理条例由中华人民共和国国务院制定施行。

3. 纳税申报

纳税申报是指纳税人履行纳税义务，向税务机关办理纳税的法定手续。它是基层税务机关办理征收业务，核定应征税款，填写纳税凭证的主要依据。

纳税人必须按照法定或税务机关依法确定的申报期限和申报内容，如实办理纳税申报，并提交纳税申报表、财务会计报表以及税务机关根据实际需要要求纳税人提交的其他纳税资料。扣缴义务人则必须按照规定的申报期限和申报内容，如实报送代扣代缴、代收代缴税款报告表以及其他相关资料。如果纳税人或扣缴义务人不能如期办理纳税申报或报送代扣代缴、代收代缴税款报告表，可以经过税务机关核准，延期申报。

（三）税款征收

1. 关于税款征收的一般规定

税款征收是由税务部门对纳税人的税收行为进行规范管理的一项重要工作。在执行这项工作时，税务机关必须严格遵守相关的法律和行政法规，按照规定行使征税权，不得擅自减征或摊派税费。同时，纳税人及法定扣缴人也必须严格遵守法定义务，按期缴纳或退还税款。

如果纳税人或扣缴人未能按照法律及行政法规的规定或税务部门所确定的期限缴纳、退还应纳税款，那么税务机关有权在责令其限期补税之外，每日额外收取应纳税额万分之五的滞纳金，以示惩戒。这种惩戒措施是为了确保纳税人能够认真履行纳税义务，维护税收的严肃性和公正性。

纳税人若因特殊困境无法按时缴纳税款，须经省级国、地税局批准，方可推迟缴纳，最长时限为三个月；然而，在申请获批后的批准期间内，不会产生滞纳金。

同时，纳税人还可根据法律及行政法规规定申请减税或免税权；但若地方各级人民政府、相关主管部门、单位或个人违反法律与行政法规而擅自做出的减税、免税决定无效，税务机关有权拒绝执行，且须向上一级机构汇报此事。

2. 税收保全措施

为确保税收制度的实施和保护纳税人的权益，当存在明显的逃避纳税行为时，税务机关有权采取税收保全措施。这些措施包括在规定时限内冻结并处置可能被非法转移或隐匿的相关财产及佣金。如果纳税人无法提供有效的担保手段，且经过县级以上税务局（分局）局长的批准，税务机关将依法采取以下措施：（1）以书面形式通知开户银行或其他金融机构冻结相应数额的应纳税额存款；（2）采用查封、扣押等方式追缴相当于应纳税额的商品、货币或其他资产。

若纳税人依期限缴纳足额税款，税务部门需当即解冻税务担保措施；如期限届满未交足税款，须由县级及以上税务监督单位局长批准，经法定程序书面通知责任人之财务机关或其他金融机构直接从扣留的资金中强制追征税款，或者依法实行拍卖或出售等方式，用所得收入抵消税款。然而，人身基本需求必需的住房以及家庭财物不在税务补偿范畴之内。

3. 税务强制执行措施

税款强制执行措施是税务当局采取的必要手段，用以确保纳税人、扣缴义务人和纳税担保人在规定期限内按时足额遵守法律义务。若上述人员未能按期履行义务，税务机关有权施加压力，责令他们尽快补交欠款。倘若逾期仍未支付，相关部门将获得县级及以上税务局（分局）局长批准，具体采取以下强制执行策略：首先，向对方账户所在的银行或其他金融机构发出划账通知书，要求从该账户中扣除应缴税款；其次，没收、扣押和出售该当事人拥有的相当于应纳税款价值的财产，用所得收入偿还欠税债务。在执行过程中，还必须征收滞纳金罚款。然而，非生活必需品、住处以及维护生存必需服务的资产并不在此强制执行之列。

4. 税收与担保债权、行政处罚的关系

法定税务机构收取纳税人税款时，如现有债务为无担保债权，则税收应优先于此类债权；若涉案税款发生在该纳税人以财产设定抵押、质押或是其财产被留置之前，则税收应先行于上述权利执行；若同时涉及到税务与行政处罚，如纳税人欠缴税款且仍需面临罚款或没收违法收益等行政处罚，则在此情况下，税收亦应享有优先权。此外，税务机关应对纳税人欠缴税款的信息进行定期公布。对于有拖欠税款行为并已设定财产抵押或质押的纳税人，应向抵押权人和质权人阐明相关税务状况。至于欠缴税款数额较大的纳税人，在处理其不动产或大额资产前应事先向税务部门上报进展。

5. 税务机关的代位权和撤销权

根据国家税收法律法规，若欠缴税款的纳税人因怠于行使到期债权、放弃到期债权、无偿转让财产或以明显不合理的低价转让财产，且受让人知道该情形，导致国家税收受到损害，税务机关可依照《合同法》的规定行使代位权和撤销权。

税务机关依法行使代位权和撤销权的，并不免除欠缴税款的纳税人尚未履行的纳税义务和应承担的法律责任。在此情况下，税务机关将采取相应措施追缴欠税款，并依法追究纳税人的法律责任。

6. 税款的退还、补缴和追征

税收执法环节，对于纳税人逾期交付的税款，税务机关如发现则应于即时返还；若此款被纳税人在三年内发现并要求返还，同样可获得税款以及银行同期存款利息的补偿。自交割日起三年内发现任何错误而导致的多付税款也包括在内，税务机关会立即查证并进行退回。当涉及国库退款问题，则需按照相关法律和行政规定进行处理。

由于税务机构的过失导致纳税人或扣缴义务人少缴税款的情况下，税务机关有权在三年内要求当事人补缴欠缴税款，但不可附加滞纳金。对于因纳税人或扣缴义务人计算等问题出现误差而少缴的税款，税务机关亦有权力追征税款和滞纳金。然而，存在特殊情况时，追征期限得以延长至五年。

（四）税务检查

税务检查是税务机关依法对纳税人和扣缴义务人履行其所承担义务的情况进行的监督和检查。纳税人、扣缴义务人必须接受税务机关依法进行的税务检查，如实反映情况，提供有关资料，不得拒绝、隐瞒。

税务机关依法进行税务检查时，有关部门和单位应当支持、协助，如实反映有关情况，提供有关资料及证明材料。税务人员进行税务检查时，应当出示税务检查证件，并有责任为被检查人员保守秘密。

参考文献

[1] 揭莹主编. 经济法 [M]. 重庆：重庆大学出版社，2019.09.

[2] 王允高. 经济法 [M]. 北京：北京理工大学出版社，2019.08.

[3] 崔巍，韩磊. 经济法 [M]. 北京：北京理工大学出版社，2019.08.

[4] 李亮国，邹娟平，刘秋蓉主编. 经济法 [M]. 成都：电子科技大学出版社，2019.06.

[5] 陈小球. 中级会计职称教材知识点精讲 经济法 [M]. 上海：立信会计出版社，2019.03.

[6] 杨德敏. 经济法通论：第2版 [M]. 上海：复旦大学出版社，2019.08.

[7] 张世明，王济东作. 经济法哲学贯通论 [M]. 北京：中国政法大学出版社，2019.12.

[8] 李曙光著. 经济法前沿问题研究 [M]. 北京：中国政法大学出版社，2019.10.

[9] 李贺. 经济法 理论·实务·案例·实训 [M]. 上海：上海财经大学出版社，2019.05.

[10] 陈艳红. 小艾上班记8 备考日记 中级经济法 第5版 [M]. 东北财经大学出版社，2019.07.

[11] 黄娟，姚毅，李方峻主编. 经济法 [M]. 北京：北京理工大学出版社，2020.05.

[12] 谢慧编. 经济法 [M]. 重庆：重庆大学出版社，2020.06.

[13] 中公教育会计研究院编著. 经济法 2021 版 [M]. 上海：立信会计出版社，2020.11.

[14] 葛恒云，孙小龙主编；王程，蔡国庆，张莉参编. 经济法 第4版 [M]. 北京：机械工业出版社，2020.09.

[15] 鞠齐主编；米德超副主编. 经济法 第11版 [M]. 成都：四川大学出版社，2020.12.

［16］陆中宝编著．经济法通关宝典［M］．苏州：苏州大学出版社，2020.10.

［17］陆中宝编著．经济法应试指导［M］．苏州：苏州大学出版社，2020.09.

［18］曾文革，陈咏梅主编．国际经济法案例选编［M］．重庆：重庆大学出版社，2020.01.

［19］朱长根，张靖，谢代国主编．新编经济法教程［M］．北京：北京理工大学出版社，2020.07.

［20］乐世华著．国际经济法的理论与要义新探［M］．北京：九州出版社，2020.

［21］卢真杰主编．经济法 第5版［M］．上海：上海财经大学出版社，2021.12.

［22］仇兆波主编．经济法 第2版［M］．北京：北京理工大学出版社，2021.02.

［23］王传丽主编．国际经济法 第3版［M］．国家开放大学出版社，2021.01.

［24］李振华，方照明主编．经济法通论 第4版［M］．北京：中国政法大学出版社，2021.09.

［25］王婷婷，孙桂娟编．经济法基础［M］．上海：立信会计出版社，2021.05.

［26］吕志祥著．经济法基础理论研究［M］．北京：九州出版社，2021.08.

［27］荣国权著．经济法风云录 现代经济法历史和逻辑考察［M］．北京：华夏出版社，2021.06.

［28］刘彤作．当代法律科学文库 知识经济时代的竞争法［M］．北京：北京对外经济贸易大学出版社，2021.11.

［29］刘晓瑜主编．小鱼大作轻巧通关1 经济法基础之只讲考点［M］．北京：北京理工大学出版社，2021.01.

［30］徐秉晖著．论经济转型中的中国经济法［M］．成都：四川大学出版社，2021.09.